アルハンブラ宮殿物語

Cuentos de la Alhambra

西川和子◎著

Milagros y Reyes de Granada

グラナダの奇跡と王たち

彩流社

「ライオンの中庭」
Patio de los Leones

「アラヤネスの中庭」
Patio de los Arrayanes

「パルタル宮と貴婦人の塔」
Palacio del Partal　Torre de las Damas

「コマレス宮のファサード」
Fachada de Comares

「葡萄酒の門」
Puerta del Vino

「大使の間」

Salón de los Embajadores

口絵写真はすべて©スペイン政府観光局

アルハンブラ宮殿物語　――グラナダの奇跡と王たち

はじめに

スペイン、グラナダ、アルハンブラ宮殿……名前を聞くだけで、心は魔法の世界に吸い込まれていきそうです。

「アルハンブラ宮殿」を知ったのはいつのことだったかしら、と思いを馳せてみると、高校時代に遡《さかのぼ》ります。世界史の教科書に宮殿の写真が載っていたからです。謎のような宮殿の秘密のような写真を見た時から、いつか行ってみたい、この目でしっかりと見てみたい、と思い続けていました。そしてその気持ちは、クラシックギターの名曲「アルハンブラの思い出」を知ってからさらに高まっていったのです。


初めて訪れた宮殿は、想像以上に魅力的でした。ガイドさんの、

「ここはこれこれの部屋で、こちらはこれこれの部屋です。この装飾はもっとはっきりと彩色がされていたのですよ」

という説明を聞きながら、本当にアルハンブラに来ているのだ、と感激ばかりしていました。どの部屋も素晴らしく、水路を水が流れ、噴水もあり、遠い世界を彷徨《さまよ》っているようでした。


興奮冷めやらぬままに帰国し、アルハンブラ関係の書物を捜しました。たいていの本には、素晴らしい写真と、ほとんど同じような説明と、本によってはよくわからないアラビア紋様の話などが載っていました。

その後もアルハンブラ宮殿を訪れるたびもっと知りたいと思うのですが、「素敵だったな」とは思っても「わかった」という感じがしないのです。

あんなに素晴らしいアルハンブラ宮殿を訪れたというのに、私の中に何かが不足している、私はいったい何を知りたいのだろう、とあらためて思い始めました。そして気がついたのです。

どんな王様たちがどんな風に暮らしていたのだろう、
こんなに素晴らしい宮殿を、どんな気持ちで建てたのだろう、
グラナダ王国はキリスト教国とずっと戦っていたはずなのに、いつ建設したのだろう、

多分、そんなことがわかったら、
「何年もかかったけど、憧れのアルハンブラ宮殿が、やっと少しわかった」
と胸を張って言えると思ったのです。

これはもう、調べるしかありません。

ムハンマド一世から始まってボアブディル王で終わる、約二五〇年のイスラム・グラナダ王国の歴史です。同じような名前の王様が登場します。ムハンマド王はたくさんいらっしゃるし、ユー

スフ王もイスマイル王も、何人もいらっしゃる。さらには、イスラムは肖像画を残さないので、お顔も雰囲気もわかりません。でもその分、こちらの想像力を掻き立ててもくれます。そんな歴史を紐解いていこうと思います。ご一緒に二五〇年の歴史を旅していただければ幸いです。

アルハンブラ宮殿物語／図版

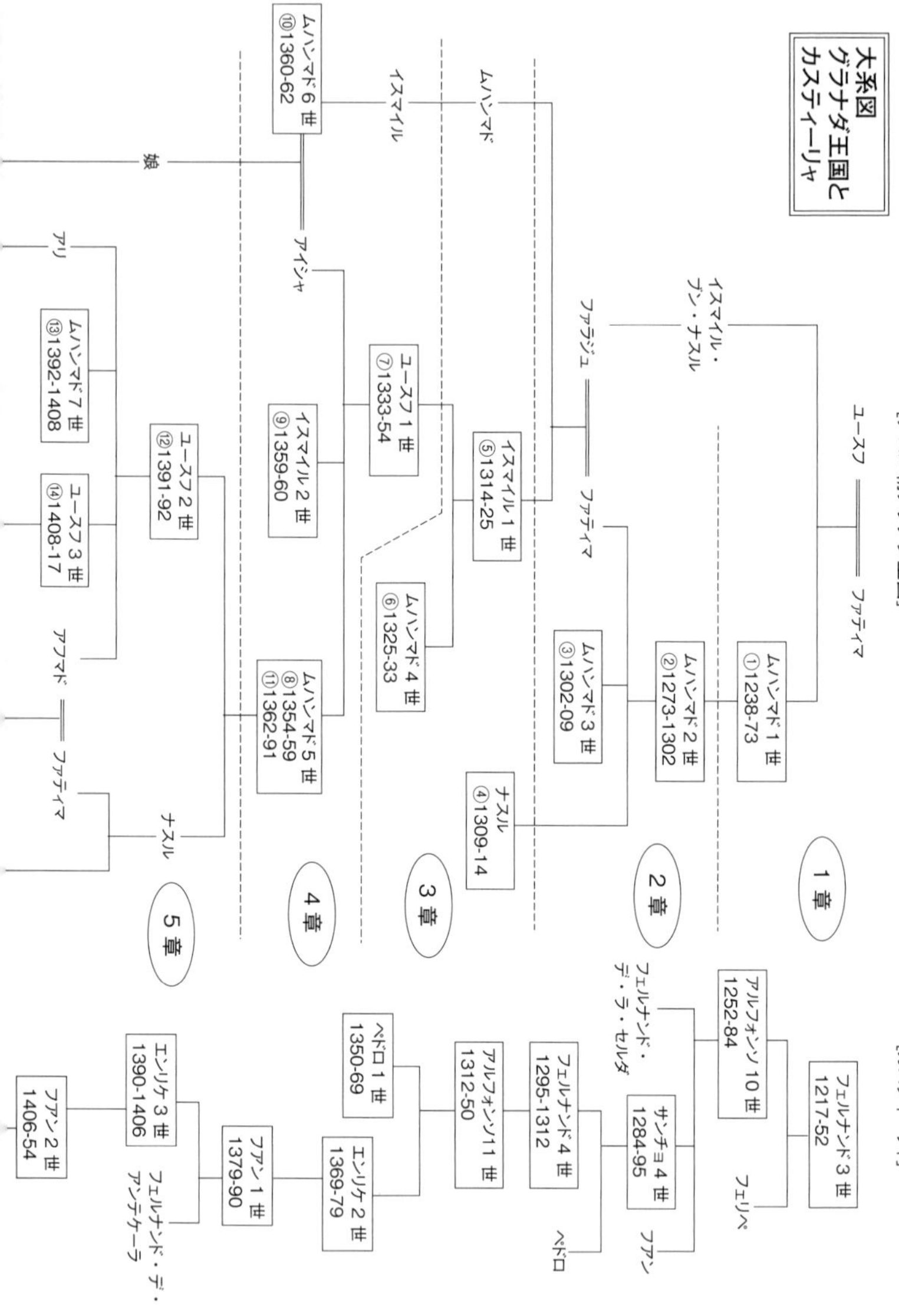
大系図
グラナダ王国と
カスティーリャ
[ナスル朝グラナダ王国]
ユースフ
ファティマ
ムハンマド１世 ①1238-73
イスマイル・ブン・ナスル
ムハンマド２世 ②1273-1302
ファティマ
ムハンマド３世 ③1302-09
ナスル ④1309-14
ファラジュ
ムハンマド
イスマイル１世 ⑤1314-25
ムハンマド４世 ⑥1325-33
ユースフ１世 ⑦1333-54
イスマイル
ムハンマド５世 ⑧1354-59 ⑪1362-91
イスマイル２世 ⑨1359-60
アイシャ
ムハンマド６世 ⑩1360-62
娘
ユースフ２世 ⑫1391-92
ナスル
ムハンマド７世 ⑬1392-1408
ユースフ３世 ⑭1408-17
アリ
アフマド
ファティマ
１章
２章
３章
４章
５章
[カスティーリャ]
フェルナンド３世 1217-52
フェリペ
アルフォンソ10世 1252-84
フェルナンド・デ・ラ・セルダ
サンチョ４世 1284-95
ファン
フェルナンド４世 1295-1312
ペドロ
アルフォンソ11世 1312-50
ペドロ１世 1350-69
エンリケ２世 1369-79
ファン１世 1379-90
エンリケ３世 1390-1406
フェルナンド・デ・アンテケーラ
ファン２世 1406-54

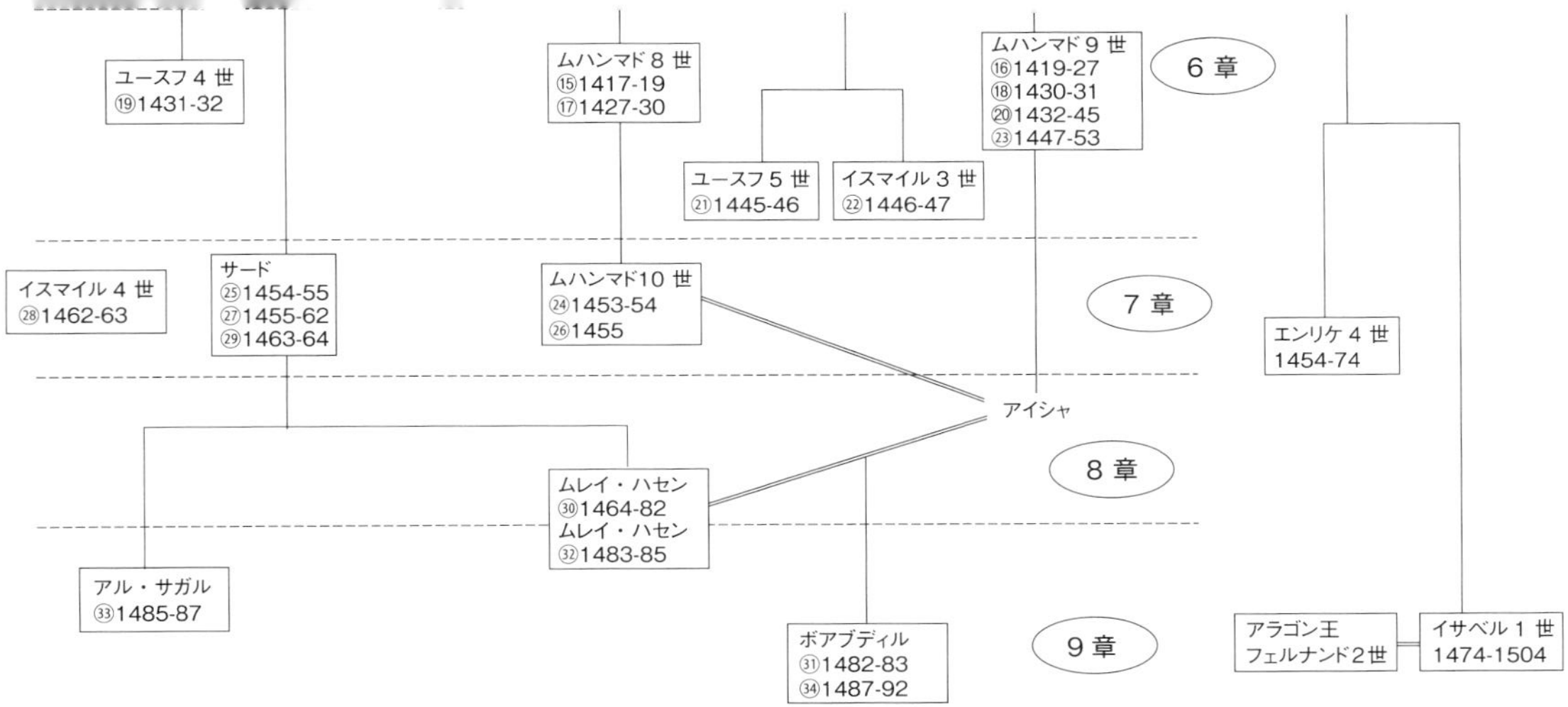
ユースフ４世
⑲1431-32
ムハンマド８世
⑮1417-19
⑰1427-30
ムハンマド９世
⑯1419-27
⑱1430-31
⑳1432-45
㉓1447-53
6 章
ユースフ５世
㉑1445-46
イスマイル３世
㉒1446-47
イスマイル４世
㉘1462-63
サード
㉕1454-55
㉗1455-62
㉙1463-64
ムハンマド10世
㉔1453-54
㉖1455
7 章
エンリケ４世
1454-74
アイシャ
8 章
ムレイ・ハセン
㉚1464-82
ムレイ・ハセン
㉜1483-85
アル・サガル
㉝1485-87
ボアブディル
㉛1482-83
㉞1487-92
9 章
アラゴン王
フェルナンド２世
イサベル１世
1474-1504

●著者作成

図1：ナスル朝グラナダ

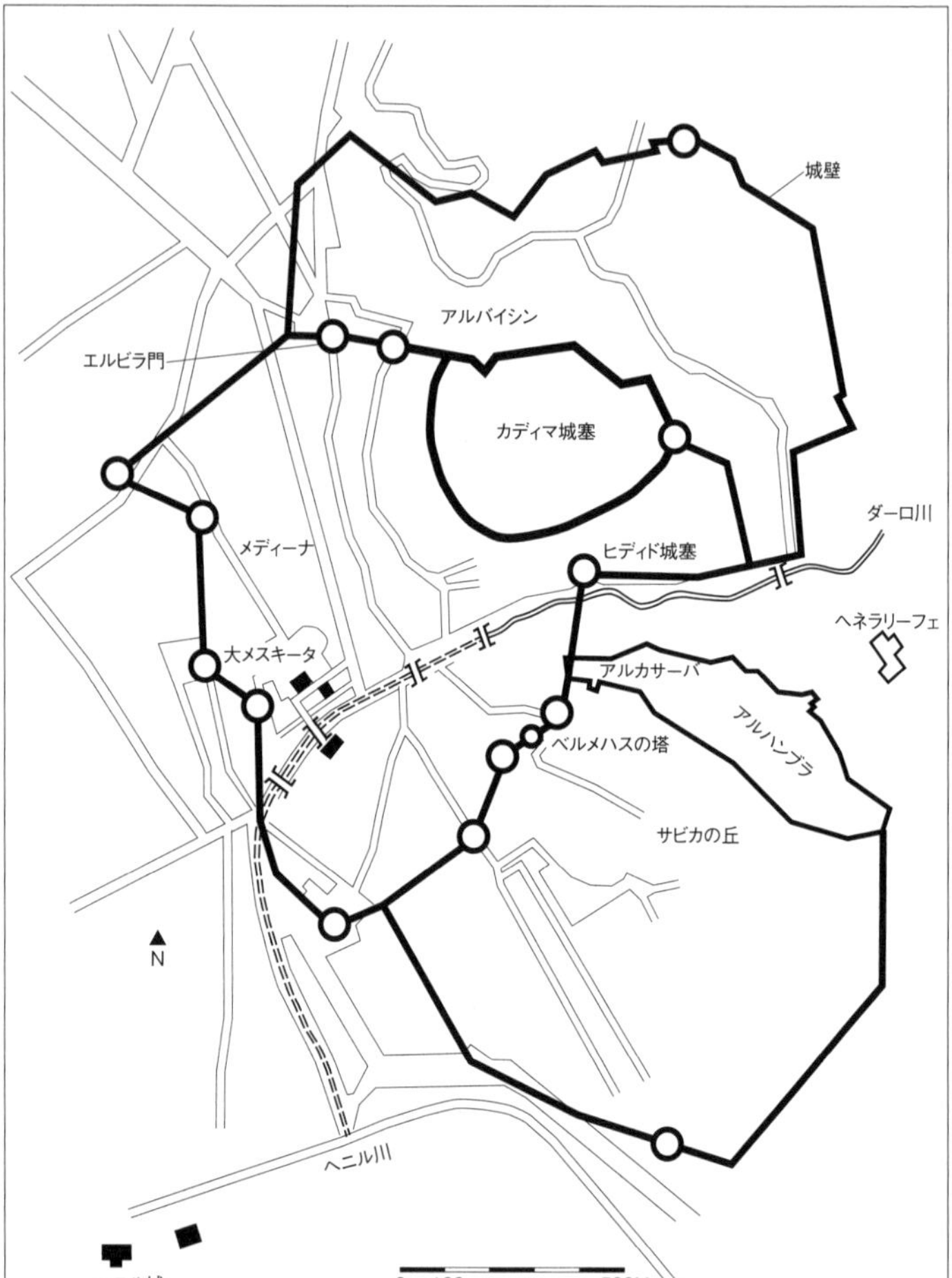

●Oleg Grabar, *La Alhambra*, Alianza Editorial, 2006 を元に作成

図２：アンダルシア

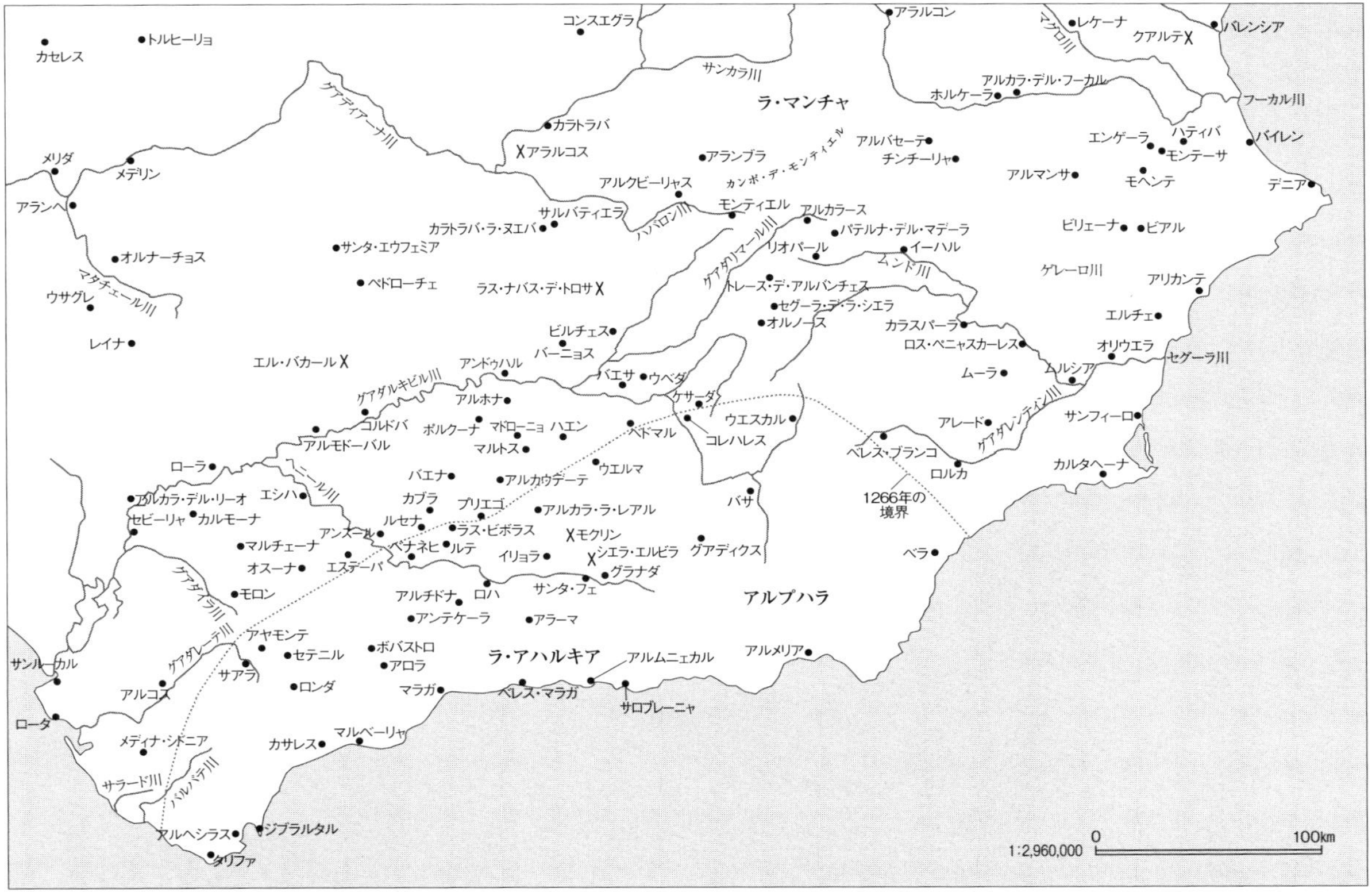

●D・W・ローマックス著、林邦夫訳『レコンキスタ　中世スペインの国土回復運動』（刀水書房、1996年）を元に作成

図３：アルハンブラ宮殿とヘネラリーフェ

●Fernando García de Cortázar, *Atlas de Historia de España*, Editorial Planeta, 2012 を元に作成

1 ダーロの要塞
2 ベラの塔
3 イダルゴの塔
4 武器の塔・門
5 忠誠の塔
6 円塔
7 ケブラーダの塔
8 ポルボラの塔
9 武器の広場
10 雌鳥の塔
11 マチューカの塔
12 コマレスの塔
13 パルタル宮と貴婦人の塔
14 ミヒラブの塔
15 アラバル門
16 くちばしの塔
17 要塞
18 カディの塔
19 囚われ人の塔
20 王女たちの塔
21 通路終点の塔
22 水道橋
23 水の塔
24 フアン・デ・アルセの塔
25 バルタサル・デ・ラ・クルスの塔
26 七層の塔・門
27 カピタンの塔
28 見張り塔
29 カベッサの塔
30 アベンセラーヘスの塔
（塔の内側には、アベンセラーヘ家跡）
31 馬車の門
32 顎髭（あごひげ）の塔
33 裁きの門
34 葡萄酒の門
35 アダルベの庭園
36 貯水槽の広場
37 サンタ・マリア教会
（大メスキータ跡）
38 パルタルの庭園
（ユースフ3世宮殿跡）
39 アラブの浴場
40 サン・フランシスコの庭園
41 パラドール・デ・サン・フランシスコ
（王子たちの宮殿跡）
42 アラブ住宅
43 アセキアの中庭
44 ゴメレス門
45 ベルメハスの塔

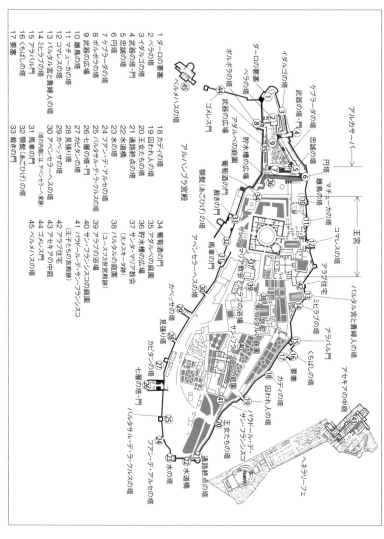

図4・王宮

●Oleg Grabar, *La Alhambra*, Alianza Editorial, 2006 を元に作成

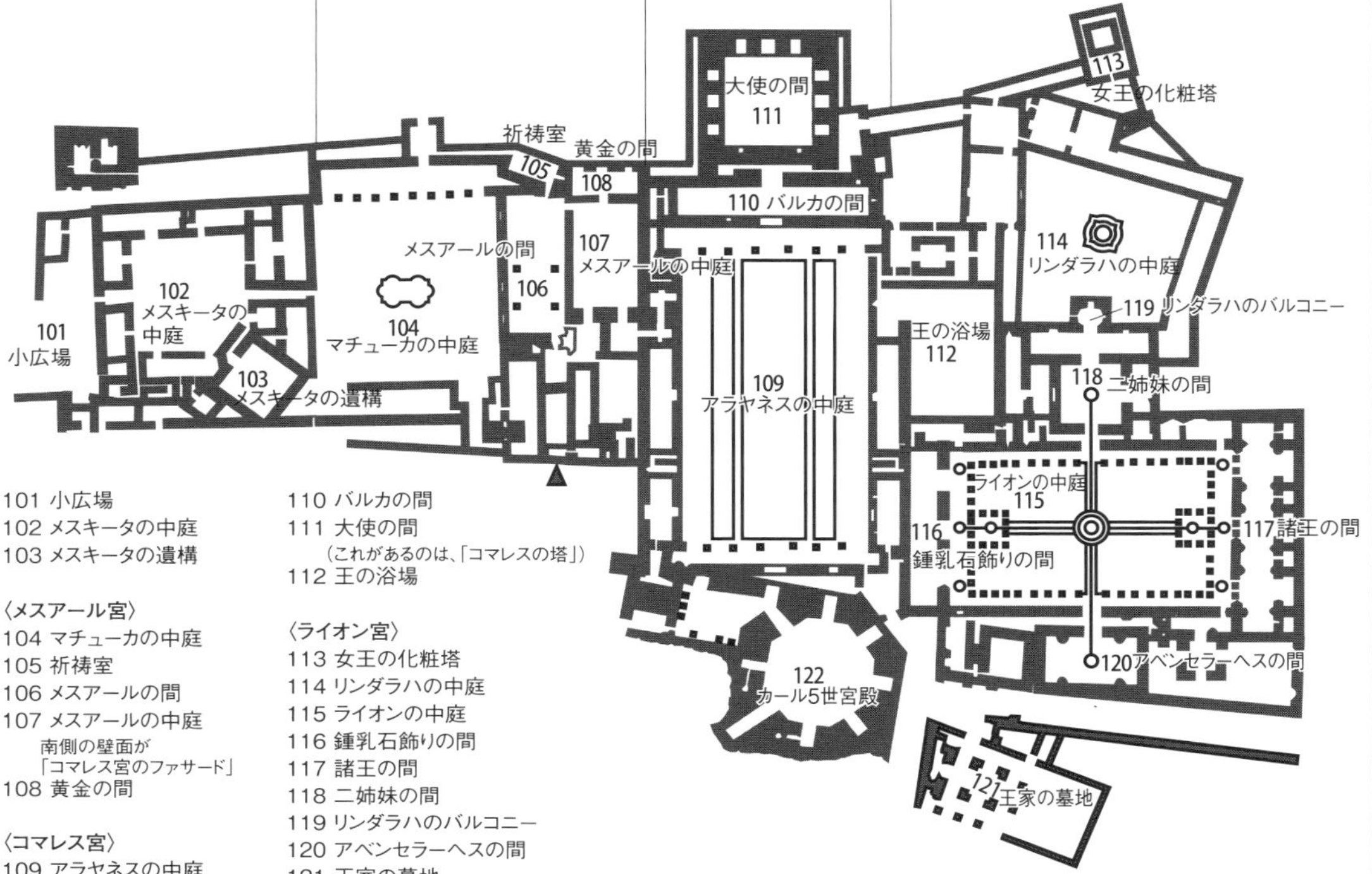

101 小広場
102 メスキータの中庭
103 メスキータの遺構

〈メスアール宮〉
104 マチューカの中庭
105 祈祷室
106 メスアールの間
107 メスアールの中庭
南側の壁面が
「コマレス宮のファサード」
108 黄金の間

〈コマレス宮〉
109 アラヤネスの中庭
（池の北側には「北柱廊」、南側には「南柱廊」）
110 バルカの間
111 大使の間
（これがあるのは、「コマレスの塔」）
112 王の浴場

〈ライオン宮〉
113 女王の化粧塔
114 リンダラハの中庭
115 ライオンの中庭
116 鍾乳石飾りの間
117 諸王の間
118 二姉妹の間
119 リンダラハのバルコニー
120 アベンセラーヘスの間
121 王家の墓地
122 カール5世宮殿

アルハンブラ宮殿物語／目次

第1章　グラナダ王国誕生

ムハンマド一世
生き延びる道はただ一つ
あちこちと協定しよう
節操は無用

扉の言葉は、グラナダ王国の建国者、ムハンマド一世の声です。この人が存在したおかげで「グラナダ王国」が誕生し、我々の夢を誘う「アルハンブラ宮殿」へと繋がったのです。

グラナダ王国とは、そもそもいつの時代の国なのでしょう。

その建国は、普通一二三八年とされています。建国を一二三二年としている文献もあるのですが、ムハンマド一世なる人物が出身地アルホナで王位を宣言したのが一二三二年で、グラナダで王位を宣言したのは一二三八年です。ですから二つの説があるのですが、いずれにしても王国が滅亡したのは一四九二年ですから、建国から約二五〇年の時が流れており、その間に延べ三四人が、自分がグラナダ王だと言っています。

ところで、このグラナダ王国はイスラムの国なのですが、イスラムがキリスト教のイベリア半島に入ってきたのは西暦七一一年のことでした。もちろんすぐにグラナダ王国ができたわけではなく、イスラム側の支配者も入れ替わりながら五〇〇年と少しの年月が経過し、そしてこのグラナダ王国が誕生したのです。そこでまず、イスラム侵入からグラナダ王国誕生までの五〇〇年余りの時代を、ざあっと追ってみようと思います。

1　王国誕生まで

重大な年号がいくつかあります。

先程書いた七一一年、この年ジブラルタル海峡を渡って、イベリア半島に突如イスラムの軍隊が侵攻してきました。ダマスカスを首都とするウマイヤ朝で、あっという間に半島の北部までが占領されたのです。これに対抗してキリスト教徒たちは、自分たちの領土を取り戻そうと戦いを開始するのですが、イスラム占領直後から一五世紀末までの長い長い戦いを「レコンキスタ（国土回復運動）」と呼んでいます。

わずか半世紀後の七五六年も重要です。ウマイヤ朝は七五〇年に滅びましたが、生き残ったウマイヤ朝の貴族がこの年にコルドバを首都とする後ウマイヤ朝を創りました。つまり、この王朝はイベリア半島に中心を置く、イベリア半島の王朝でした。最盛期は一〇世紀半ばで、首都コルドバをヨーロッパで最も輝ける文化・商業の町に変えていったのです。しかし、後継争いやクーデターや内乱が頻発し、二七〇年余り後の一〇三一年にはこの後ウマイヤ朝も消滅します。

その後、小さな国が二〇数ヵ国ほど林立したのですが、これらの小国をまとめてタイファ国と呼んでいます。

次なる重大な年号は一〇八五年です。タイファ国が互いに勢力を競い合っている間に、カスティーリャ王アルフォンソ六世がトレドを征服し奪還したのです。トレドは、七一一年のイスラム侵攻以前に西ゴート王国の首都だった町で、キリスト教徒にとっては重要でシンボル的な存在でした。

後から見ると、レコンキスタのちょうど半ばの頃に、重要な町を取り戻したことになります。

トレドを奪還されたイスラム側も必死でした。カスティーリャに対しては小さなタイファ国がいくつ集まっても太刀打ちできないと知り、北アフリカに勃興した同じイスラムのムラービト朝の力を借りたのです。ところがこれが誤算でした。ムラービト朝は一〇八六年のサグラハスの戦いでキリスト教側に勝利すると、今度はタイファ国に牙を向けたのです。

しかし、ムラービト朝は北アフリカでの勢力争いに敗れ、それに代わってムワッヒド朝が起こり、一一五〇年代には、北アフリカからイベリア半島に入り込んでいたのです。

次の重大な年号は、覚えやすい一二一二年です。この年、有名な「ラス・ナバス・デ・トロサの戦い」がありました。カスティーリャ王アルフォンソ八世を中心とするキリスト教国側は、ローマ教皇から勅書をもらい、連合軍を形成したのです。キリスト教国連合軍の大勝利でした。セビーリャに大メスキータ（イスラム寺院）を建設したほど力のあったムワッヒド朝ですが敗北し、これがきっかけでイベリア半島から撤退していったのでした。この年以降のレコンキスタを「大レコンキスタ」と呼び、圧倒的にキリスト教国側に有利になっていったのです。

例えばカスティーリャ王フェルナンド三世は、祖父アルフォンソ八世の意志を継ぎ、イスラムに奪われていたトルヒーリョ、ウベダ、コルドバ、ムルシア、ハエン、セビーリャなどの町を次々に取り返していきます。

我々はいま一三世紀の初め頃にいますが、こうしてキリスト教側が圧倒的に力を持っていたときに、言葉を変えれば、イスラムの勢力が弱まった時に登場したのが、グラナダ王国なのです。なんとなく不思議ですね。力が弱まりつつあったときに、イスラムの王国が出てきたなんて。どうしてそんなことになったのでしょうか。

劣勢となりつつあったイスラム側には、この頃、断然目立つ首領が二人いました。まずイブン・フードが頭角を現し、少し遅れて登場したのがアラマールでした。

2　首領イブン・フードとアラマール

［アルプハラ王イブン・フード］

ラス・ナバス・デ・トロサの戦いに敗れて、ムワッヒド朝が撤退を始めていた時、代わってアンダルシアのほとんどのタイファ国を支配しだしたのは、イブン・フードという男でした。

生まれたのは一二世紀の終わり頃、その後ムルシアで、弱体化しつつあったムワッヒド朝に対して反乱を起こし、その結果、ムルシアだけでなくコルドバ、セビーリャ、マラガ、アルメリアなどの都市が彼の支配下に入っていったのです。〈図２〉で確認してみると、随分と広い範囲ですね。アンダルシアの西から東から、以前のイスラムの首都だったコルドバから大都市セビーリャ、さらには港湾都市のアルメリアなど、もうアンダルシアのほとんどという感じでしょうか。

このイブン・フード、あれよあれよという間にムワッヒド朝の占有していたところを自分の支配下にしていったのですが、そもそも先祖はサラゴサに暮らし、サラゴサの首長でした。しかしサラゴサは一一一八年にアラゴン王アルフォンソ一世戦士王に征服され、キリスト教徒の領地となり、それで一族はアンダルシアに移ってきたのです。

ですから、生まれも育ちも貴族だったのです。その人物像は、雄弁で寛大で人を惹きつけ、周りには常に大勢のイスラムが集まっており、彼らは、

「イブン・フード様にお仕えできるなら死んでもいい」

と陶酔していたといいます。

グラナダとアルメリアの山麓地帯はアルプハラ地方といわれていて、そんなことからイブン・フードは、「アルプハラ王」と呼ばれていたのです。

「アルホナ王アラマール」

イブン・フードより少し遅れて、アラマールという男が現れました。ナスル家の人物です。

このアラマールのナスル家もやはりサラゴサ出身なのですが、ということは、やはりサラゴサがアラゴン王アルフォンソ一世戦士王に征服されたことと関係していました。イブン・フードと同様、サラゴサを諦め、一族で南下し、グァダルキビル川の南にあるアルホナという町に移ってきたのです。

このアラマールはイブン・フードのような立派な家系の出身ではなく、父はアルホナの町で馬

車引きの仕事をしていたと言われています。アラマールも、父の仕事を手伝ったり農業に従事したりしていましたが、なかなかできる男だと認められ、キリスト教国との境界の防衛軍事を任されることになります。それなりにきちんと教育も受けていた、ということなのでしょう。若い時から大きな仕事への愛着が異常に強かったとされていますし、また、アルホナの町の領主だった、とも言われています。

生まれたのは一一九五年でイブン・フードよりも少し年下でした。そして、有名人で英雄だったイブン・フードを追いかけながら、自らを鍛えていたのです。後に回想しています。

「私が育った町アルホナは、ハエンに近い。ハエンの町は、キリスト教国との国境の最前線だったから争いが絶えなかった」

アラマール少年にとって他国との争いは日常茶飯事だったのです。

しかし目下勢力を広げていたのはイブン・フードでした。アルプハラだけでなく、コルドバ、セビーリャ、ハエン、アルメリアなどを支配下にしていましたね。アルホナ出身のアラマールにとって、近くの町ハエンやコルドバを抑えられることは面白いはずがありません。

ナスル家の当主はアラマールの叔父でしたが、若きアラマールはその叔父と一緒に戦い、さらには、アルホナの町で力を二分しているアスキルラ家も協力して、ハエンの町をイブン・フードから奪うことに成功します。ともに戦った叔父はここで死去し、アラマールはナスル家の当主を継ぐことになりました。

アラマール側は勢いがついていたのでしょう、この後、威信が崩れかけてきたイブン・フードからグアディクスやバサを奪い取り、一二三二年、故郷のアルホナで、アルホナ王を宣言するのです。

［カスティーリャ王フェルナンド三世］

この頃、カスティーリャ王はフェルナンド三世で、どうしてなかなか強い人物でした。この人は、ラス・ナバス・デ・トロサの戦いで勝利したアルフォンソ八世の孫に当たります。

当時、カスティーリャ王国とレオン王国は一つになったりまた分裂したりしていましたが、このフェルナンド三世の時代に「カスティーリャ・レオン王国」となってからは二つの国に再分裂することはありませんでした。父がレオン王で母がカスティーリャ王女だったために無益な戦いや無理な王位争いを経ずに、自然とカスティーリャ・レオン王となったのです。ですから、以後は単にカスティーリャ王国、と呼ばれているのです。

「カスティーリャとレオンは一つになった。次は、イスラムとの戦いを終わらせることである。我こそが、この戦いの歴史に終止符を打つ」

こうして、手始めにトルヒーリョの町を落とします。一二三二年のことでした。

ちなみに、フェルナンド三世は、ブルゴス大聖堂やレオン大聖堂の建設にも着手する、という大仕事もしています。

イブン・フードがイスラム側の第一人者で、アラマールがその次、彼らに相対するのがレコンキスタの使命感に溢れたカスティーリャ王フェルナンド三世、そういう図式の中、一二三三年が来ました。フェルナンド三世は、トレドを出発して、イブン・フードの支配する町ウベダに向かっていました。イブン・フードは、広くコルドバ、セビーリャ、マラガ、アルメリアなども支配していましたが、フェルナンド王の侵攻に対して準備をする時間がなかったのか、この町の救援に走ることはできなかったのです。同じイスラムでもアラマールとイブン・フードとはライバル関係だったため、アラマールからの救援もありませんでした。ウベダの町は、フェルナンド軍に包囲され、食料や武器の補給ができず、結局フェルナンド三世に降伏するのです。

民衆は失望し、イブン・フードの名声は急落していきます。

「イブン・フード様の元では、我々の国や町は守れない」

イブン・フードの威信は崩れ、町々で独立が宣言されていきます。結局イブン・フードはムルシアに逃げ、アルメリアに逃げ、この地で「もうイブン・フード様の時代ではない、アラマール様に賭けてみよう」と直感した市長により、一二三八年、暗殺されます。

こうして一二三三年にウベダを取ったフェルナンド三世は、何と、次はイスラムがとても大切にしているコルドバに向かったのです。

この時、フェルナンド三世は兵を集めて秘密裏にアンドゥハルの前線に行きました。アンドゥハルとは、グァダルキビル川沿いの、コルドバより東の町で、まずそこを落としたのです。そこからコルドバ近郊まで進み、ある晩コルドバの城壁によじ登り守備兵を殺害し、町の東の部分を守る防衛の塔を占領したのです。夜が明けるとコルドバの町は驚愕しました。イスラムが塔を守っており、それは未来永劫続くものだと信じていたのに、メスキータの高塔にはキリスト教の十字の旗が掲げられていたからです。一二三六年でした。

コルドバは、イスラムにとって実際に重要であるばかりでなく、象徴的な場所でした。古くは後ウマイヤ朝の首都であり、文化が栄え、商人が行き交う自慢の都だったからです。

後ウマイヤ朝には、一〇世紀末に、アル・マンスールというやたらと強い男がいました。ヒシャーム二世の宰相で生涯に五〇回以上も遠征し、その最大のものは、キリスト教徒の聖地ともいえるサンティアゴ・デ・コンポステラへの侵攻でした。大聖堂を破壊し、大鐘を奪い、これをキリスト教徒の捕虜に首都コルドバまで運ばせたのです。

コルドバを攻め落としたフェルナンド三世が最初にしたことは、二百数十年前に取られたサンティアゴ・デ・コンポステラ大聖堂の大鐘を探すことでした。すぐに見つけたのでしょうね、何しろ大鐘ですから。そして、それを今度はイスラムの捕虜にサンティアゴ・デ・コンポステラまで運ばせたのです。間違いなく大勝利だったのです。

アルホナ王アラマールは、フェルナンド三世のこのような侵攻を指を咥《くわ》えて見ていたわけではないのです。「カスティーリャのフェルナンド三世王に勝利する見込みはあるのか。残念だが、全く、ない」と現実を捉え、そして、積極的な行動に出ました。フェルナンドのコルドバ征服に対して、援軍を送ったのです。アラマールの思考の中で、生きる道はそれしかなかったのです。

フェルナンド三世からみてアラマールは「敵」ではなく、「可愛いやつ」となりました。そして、一二三八年、アラマールはグラナダ王を宣言し、カスティーリャ王フェルナンド三世もそれを認め、アラマールは「グラナダ王ムハンマド一世」となったのです。

３　ムハンマド一世と夢

グラナダ王となり、フェルナンド三世とも良い関係になれたものの、まだ試練は続きました。ムハンマド一世は、今やアルホナやグラナダだけでなく、アルメリアやマラガも支配していました。ということは、グァダルキビル川から地中海沿岸まで支配地域は増えていたのです。

この支配領土の広がりが、キリスト教国側の不信を呼び起こしたのです。

「ムハンマドよ、どこまでも領土が広がるとは思うな。釘を刺さねばならない」

一二四六年、フェルナンド三世は何度目かの遠征に出ました。今度の遠征は、わざわざムハンマド一世の故郷のアルホナを通り、ハエンに迫り、アルカラ・ラ・レアルとイリョラを攻撃してきたのです。その延長線上をみると、やがてはムハンマド一世のグラナダに迫り来ることは誰の目にも明らかでした。ムハンマドは損失の少ないうちに手を引く決意をしました。

大切なアルホナとハエンの町をフェルナンド三世に引き渡し、「可愛いやつ」からカスティーリャの「臣下」となったのです。カスティーリャと結んだ休戦の「ハエン条約」には、

ムハンマド一世はカスティーリャ王の臣下となること
毎年、カスティーリャに税金を支払うこと
カスティーリャ軍が戦う時には援軍を出すこと
場合によっては、カスティーリャの議会に参加すること

が入れられていたのです。

フェルナンド三世の侵攻はさらに続き、一二四八年にはセビーリャを攻めたのですが、この時ムハンマド一世は「ハエン条約」の通り、五〇〇人の「援軍」をカスティーリャ軍に送っています。

セビーリャ王は以前より友人で、ムハンマドは自分の娘を婚約させようとしていたこともありました。でも、

「セビーリャ王は、古くから切磋琢磨しあってきた良き友人でもある」

などという関係や、

「セビーリャ国ほどのイスラムの大国がカスティーリャに渡るなんて、とんでもない」

などという思いよりも、カスティーリャとの波風立たない良好な関係を優先させたのです。

このカスティーリャ王フェルナンド三世によるセビーリャ征服以降、イベリア半島のイスラムは、ムハンマド一世が建国したナスル朝グラナダ王国のみとなり、ムハンマドはカスティーリャとの間に二〇年の平和を得たのです。

この二〇年は、とても大きなものでした。グラナダ王国を強固な国にするのに使える時間となったからです。それに、キリスト教国に征服されたあちこちのイスラムの町から逃げ出した民衆が、このイベリア半島唯一のイスラム国であるグラナダ王国に逃げてきていました。王国の人口は増え、活気に満ち、そして何よりも、ムハンマド一世の夢であり目標でもある、

「グラナダを強国にする」

「夢にも見たことがないくらい美しい宮殿を建設する」

という仕事に取り掛かることになるのでした。

このムハンマド一世は、ムハンマド・イブン・ナスルとか、アラマールとか、アフマールとか呼ばれています。どこかでこのような名前に出会って、状況的にも整合していたら、このムハンマド一世です。そしてアラマールという言葉には、「赤」という意味が含まれています。

ムハンマド一世には「王朝の色」が必要でした。以前の、コルドバやダマスカスに首都を置いていたイスラム王朝の色は白でしたが、ムハンマドは王朝の色を赤にしたのです。これは彼個人だけではなく、子孫たちも赤を使うというものでした。公的な文書の紙も赤みがかったものを用い、国旗も自分の旗も赤、儀式の時の衣服も赤でした。身につけるもの、目印となるものなどは全て赤で統一し、どこからみても、あそこにいるのはムハンマドの軍、とわかるようにしていたのです。アルハンブラ宮殿にも赤を多用しました。

こんな風にして、ムハンマド一世はグラナダ王国の安定をひとまず手に入れたのですが、いったいどのような人物だったのでしょう。

当時アラブ人は、赤ん坊が生まれると占星術師のところに連れていくのです。ホロスコープで見ると、アラマールの生まれた日は、イスラム軍がキリスト教徒軍に勝利した「アラルコスの戦い」の日でした。

「アラルコスの戦い」はフェルナンド三世の祖父のアルフォンソ八世の時代なのですが、アラルコスの地で、勢い付いていたカスティーリャ軍の攻撃をムワッヒド朝軍が押し返し、イスラム側にとっては記念すべき大勝利の日でした。ホロスコープの結果を知ってナスル家一族は、

「神の力が、この赤ん坊に宿ったのだ。奇跡が起きるかもしれない」

と祈りを捧げました。アラマールは生まれながらに、一族の希望と大きな運命を背負っていたのです。

アラマールは才気があり、とても現実的な人間で、外交能力も高かったといいます。どこに行ったらよいか、どこで引き返せばよいか、どこで和平を持ち掛ければよいか知っていたのです。現にグラナダを囲う町、ロハやアラーマにも少しずつ迫り占領しました。

子供時代に過ごした国境の町ハエンの影響も無視できません。ハエンには常にキリスト教国の十字軍がいて、イスラム教徒とキリスト教徒とは戦いで出会うだけでなく、競技会や馬上試合会などで常に接触がありました。実戦を真似た競技や流行っていた槍試合など、ほとんど完璧にこなし、若い頃からイスラムの間でもキリスト教徒の間でもかなり有名になっていました。

誰からも人気があり、年寄りからも若者からも、女性からも、それも既婚女性からも人気があり、勇敢で寛大で、なんでもでき、やがては高い地位を得るだろうと誰もが思っていたのです。

ワシントン・アービングの『アルハンブラ物語』では、アラマールについてこんな記述がされています。

ムーア人が住むあらゆる都市を復興させ、昼夜その土地を警戒させ、法律も厳しくしたので、人民の喜びは大きかった。

病院や施設を建て、青年たちのために学校も建てた。街には豊かな水路工事をし、水道・噴水・浴場を立てた。運河も造った。この繁栄で、商人たちは我も我もとグラナダに来た。

フェルナンド三世は、ハエンを包囲し、不退転の決意だった。アフマールは、太刀打ちできない、と読んで、フェルナンド三世の臣下となった。フェルナンド王がセビーリャを包囲したときには、援軍を出さねばならなかった。一二四八年、セビーリャ陥落。

アフマールは、グラナダに戻ると人民は「偉大な勝利者」と称えたが、アフマールは、「私は征服者でも勝利者でもない」。として、「アッラーの神のほか、征服者なし」とした。王家のモットーとした。

アルハンブラ宮殿の建設を始めたのは、一三世紀半ば、とされている。

セビーリャで、フェルナンド三世が死去したときには、後継者アルフォンソ一〇世に、哀悼の意を表した。

七九歳、出発しようとすると凶兆があった。城門の壁に槍を部下が突き刺してしまった。出陣したが途中で気分が悪くなり、数時間後、死去。

アルフォンソ一〇世の弟、ドン・フェリペ王子も付き添っていた。

〈図２〉には、一二六六年のキリスト教国との境界を入れてあります。フェルナンド三世の派手なレコンキスタにより、セビーリャ、コルドバのみならず、ムハンマド一世の出身地アルホナもハエンもすっかりキリスト教側になってしまっていたのです。

◆アルハンブラ宮殿（1）　忠誠の塔とベラの塔◆

グラナダ王ムハンマド一世の目標は、もちろんいわゆるイベリア半島南部の、「アンダルシア地方をひとつにして、強力なグラナダ王国にまとめていく」というものでしたが、目標はもう一つありました。

それは、「夢にも見たことがないくらい美しい宮殿を建設する」というものでしたね。

グラナダというと、誰でもあの華麗で神秘で、迷い込んでみたくなる「アルハンブラ宮殿」を思ってしまいますが、ムハンマド一世が建設したのでしょうか。それとも、その地に何か建っていたのでしょうか。

〈図1〉ナスル朝グラナダ
〈図3〉アルハンブラ宮殿とヘネラリーフェ
〈図4〉王宮　　を見てみましょう。

現存のアルハンブラ宮殿は城壁にぐるりと囲まれており、その中にアルカサーバ、メスアール宮、コマレス宮、ライオン宮と並んでいます。そして少し離れたところに、夏の離宮ヘネラリーフェがあります。

このアルハンブラ宮殿が建っている丘は、海抜七〇〇メートル、アルカサーバから城壁の反対側の端の塔までが約七〇〇メートル、城壁間の最大幅は約二〇〇メートル、城壁の長さは約二・二キロメートル程度、塔は三〇余りあります。

建国当時カスティーリャの人口が六〇〇万に

対してグラナダは一〇〇万でした。面積の割に人口が多いのですが、それは、以前はイスラムの町でその後キリスト教側になった大都市、コルドバやセビーリャからの避難民を含んでいるからです。そしてアルハンブラ宮殿は、宮殿というよりも、むしろ、住宅、官庁、厩舎、モスク、学校、浴場、墓地、庭園などを備えた、小規模ではありますが、王宮都市だったのです。

グラナダ全体の様子をみると、〈図1〉のような地区割りになっていました。この図は一四五〇年頃のものとされており、また上方向がほぼ北となっています。図の中央をダーロ川が流れ、川の南東側に城壁で囲まれたアルハンブラ宮殿が描かれていますが、この川を挟んで北西側には市街地メディーナ、ヒディド城塞、カディマ城塞、アルバイシン地区と続いています。城壁で囲まれたそれ以外のところはいわゆる市街地となっていて、ヘニル川近くまで続いているのです。また、そのヘニル川の南側には、ヘニル城が建っていました。

アルハンブラ宮殿が建設されている台地はサビカの丘と呼ばれ、ここにはすでに、アルカサーバ（城塞）などの建築物がありました。アルカサーバは、九世紀末にはすでに存在していたようです。ですから、それを元にしてナスル朝の王様たちは宮殿を築き上げていったのです。

ムハンマド一世はそれまで住んでいたカディマの城塞を出て、ダーロ川の反対の斜面にあるサビカの丘を、新たに住む場所としたのです。サビカの丘の古い城壁は建て直され、大きな塔は実際に役立つように修復されました。王は、労働者も建築技師も一緒に教育し、急ぎ結果が出るようにしたのです。

ひとまずサビカの丘を安全にすると、ムハンマド一世は戦争のための準備を開始し、その呼

アルハンブラ宮殿全景

びかけには臣下とともに、訓練された三〇〇〇人の騎兵と一五〇〇〇人の歩兵が集まったといいます。士気が高まっていたのです。

サビカの丘に、豪華で防備も完備した、誰も見たことのない王宮都市を築こうというムハンマド一世は、ある奇跡も起こしたのです。それは、王が住民から「景色税」を取ったことです。王がグラナダの町を大切にしていること、しかし、お金がないことを住民は知っていました。そして、素晴らしい町を造るために税金を支払うことに喜んで同意したのでした。

ちなみに、ヘニル城についてですが、ムハンマド一世に援助を求めてフェリペ・デ・カスティーリヤという人物がグラナダに来ました。この人はカスティーリャ王アルフォンソ一〇世の弟で、貴族たちとともに兄王に抵抗し、グラナダに保護を求めてきたのです。そのフェリペ王

アルカサーバとベラの塔（©スペイン政府観光局）

子を、ムハンマド一世はアルハンブラ宮殿ではなくヘニルの城に丁重に迎え入れたといいます。まだアルハンブラには、とても他国の要人を迎え入れる部屋はなかったのでしょう。

アルハンブラ宮殿には、城壁内を二本の並行する道路が通っています。〈図3〉で見ると、一本はメスアール宮（⑪のあるところ）の南を通って、「アラバル門⑮」に続く道、もう一本は「葡萄酒の門㉞」の辺りから「サンタ・マリア教会㊲」の南を通って「通路終点の塔㉑」に向かう道です。最初の道路の北側は宮廷居住地区で貴族や身分の高い人が住み、道路に挟まれた中央部にはやがて大メスキータが建設され、道路の南側は市街地地区で民衆が住むようになっていきました。

町の安全を確保するため守備隊や駐屯軍は、アルカサーバや、城壁にある塔や門で暮らしたようです。

「アルカサーバ」とは、城塞とか町の中に作られた砦という意味なのですが、そもそもここは軍事基地で、塁壁と塔に囲まれています。

西側の端の丸い感じのところ①は「ダーロの要塞」と言われる堡塁で、堡塁とは敵の攻撃を防ぐために石や土砂などで作られた陣地のことですから、この丸みを帯びた三角形のところ全体が攻撃防御のためであることがわかります。堡塁の東に大きな塔がありますが、これが「ベラの塔②」で、その東に三角形の土台だけ残っているようなところがありますが、ここは「武器の広場⑨」で、イスラムのエリートたちや、宮殿の防御を担当する兵士たちが暮らしていました。中央に通りが伸びており、そこには、住まい、工房、貯蔵室、倉庫、炉、地下牢、貯水槽、お風呂などがあったといい、残っている土台はそれらの建造物の跡なのでしょう。

さてさて、ムハンマド一世はこのような「アルカサーバ」の中で、次の塔を築いたと言われています。

［忠誠の塔］⑤

アルカサーバの北東にあり「忠誠の塔」とも「オメナッへの塔」とも呼ばれています。九世紀に存在した塔の廃墟の上にムハンマド一世が再建を命じたものです。

「忠誠の塔」とは、よく耳にする言葉ですが、中世の城には大抵「忠誠の塔」というものがあり、そこには城や要塞の主が住んでいました。そして、城を攻められた場合の最後の避難場所になるところでした。このアルハンブラの「忠誠の塔」も、高く聳《そび》え、ここから町を支配していたのでしょう。最上階に

忠誠の塔

は、小さいですが四つの部屋があり、ムハンマド一世がいずれかの時間をここで過ごしていたといわれます。

［ベラの塔］②

ここも、ムハンマド一世が築きました。当時は「中央塔」と呼ばれていました。ここは、アルハンブラの全ての要塞中一番大きな塔で、高さ二七メートル、幅一六メートルもあり、ここからはシエラ・ネバダ山脈の頂上まで見えるといいます。グラナダにとっては、象徴的な存在だったのです。一四九二年にグラナダ王国が陥落し、カトリック両王（イサベル女王とフェルナンド王）がアルハンブラ宮殿に入城したときには、この町の住民全てがその旗を見ることができるように、このベラの塔にカトリック両王の軍旗を掲げました。塔内部は住まい、倉庫、地下や地下牢がありましたが、カトリック両王が入ってから、キリスト教徒の居住空間とするために改造されました。また塔の下の広場には、警備隊長や武器職人などの家があったようです。

　はっきりとムハンマド一世が建造した、と言える建物は、この二つの塔です。しかし、どちらもアルハンブラ宮殿を代表するような塔です。サビカ山という海抜七〇〇メートルの地に、立派な二つの塔が建設されたのですから、住民は驚き、息を呑み、我らが王様だ、と思ったことでしょう。

ベラの塔

　ムハンマド一世は、塔の建設以外にも良いことをしました。それは、グラナダが軍事的な防衛の町だったのを、宮廷の町にもするために、近くを流れるダーロ川から水を引く設備も広めたのです。さらには、アルハンブラの芸術・教育・産業を促進したのです。

　現在は、アルカサーバと宮殿が繋がっているように見えるのですが、アルカサーバの東に「貯水槽《アルヒベ》の広場㊱」と呼ばれるところがあります。ここは、ムハンマド一世の時代にはただの窪地だったために、宮殿全体がある程度の城壁で囲まれる形になっていたとしても、西にはアルカサーバ、中央には広い窪地があって、その東にはほとんど何もない、という状態でしょうか。

　そうするとムハンマド一世が見た景色の中に、我々が見る、メスアール宮やコマレス宮やライオンの中庭などはありません。あったのは、城壁など外側の部分の一部と、あとはアルカサーバです。でも端にある丸い感じの堡塁は、これは一五世紀に付け加えられたところで、グラナダ市街地に向かって砲台が置かれたのです。ですから、ムハンマド一世が見ていた景色は随分とあっさりしていて、寂しいものだったのです。

第2章　グラナダ王国　継承者たち

ムハンマド二世
父は一世・息子は三世、実にわかりやすい
とはいえ「善人グスマン」には参った
ムハンマド三世
取られた領土は取り戻す
しかし少々張り切りすぎたか

グラナダ王国はムハンマド一世の息子・孫に引き継がれ、名前もムハンマド二世、ムハンマド三世と引き継がれていきます。

1 「法律家」ムハンマド二世

［アスキルラ家のこと］

父ムハンマド一世は、息子のムハンマドが物心ついた頃にはすでにグラナダ王であり、その後も延々と仕事をし七八歳で亡くなりました。ムハンマド二世は、近くで父の仕事ぶりを見て真似し、共に仕事をしつつ父の政府高官を長く務め、その政治・外交をしっかりと頭の中に叩き込んできました。学習の期間は長く、自身が王位に就いた時はほぼ四〇歳。経験豊富で法律にも詳しい二世が出来上がっていました。そんなことから、「法律家」ともあだ名されているのです。

では、グラナダ王国は安泰か、というとそういうわけではなく、実は父ムハンマド一世が、「次期王位は息子に。息子をムハンマド二世とする」と宣言した時から、王国はざわつき始めたのです。これは息子ムハンマドが二〇歳を少し過ぎた一二五七年頃のことでした。

アラマールの出身地アルホナには、もう一つ有力な家がありました。アスキルラ家といい、軍事を取り仕切っていたのです。このアスキルラ家がナスル家に協力することで、アラマールは初代王に就くことができたのです。少なくとも、アスキルラ家はそう思っていました。それにムハンマド一世の母ファティマはこのアスキルラ家出身だったのです。

「あのナスル家のアラマールがムハンマド一世となった。イブン・フードとの争いは大変だったが、でもまあ、我々アスキルラ一族がアラマールを王にしたようなものだからな。ムハンマド一世の後を継ぐのは、我らアスキルラ家のものだ。我が家系からもグラナダ王が誕生するぞ」

そう思っていたところ、次の王位はムハンマド一世の息子がムハンマド二世になる、というではないですか。これでは、アスキルラ家は収まりません。

「我々を騙《だま》したのか。人の力で王位に就かせてもらって、そのお返しがこれか。許せん」

アスキルラ家は当時、マラガとグアディクスを統治していました。そして、グラナダ王がムハンマド二世になると、このマラガとグアディクスで反乱が起きたのです。


このグラナダ王国のゴタゴタをカスティーリャはどう見ていたのでしょう。

王位はアルフォンソ一〇世に移っていましたが、グラナダ王国に内紛が起きることは大歓迎でした。アルフォンソ一〇世は思いました。

「グラナダ王国でナスル家とアスキルラ家が争っているではないか、それなら、アスキルラ家の中心人物イブン・アスキルラを我が方に」

と、カスティーリャに招いたのです。もっとも、カスティーリャでも有力貴族のララ家が反乱

を起こし、その中心人物はグラナダに避難したりしていたので、同じようなことをしているのです。ムハンマド二世は、

「カスティーリャ王にアスキルラ家を応援されたら、大変なことになる」

とアルフォンソ一〇世と会見し、

「年に二五万マラベディーを貴国に支払う。その代わりに、カスティーリャはアスキルラ家を援助しない」

と協定をしています。


この二五万マラベディーですが、マラベディーとは、一二世紀から一七世紀に使われたスペインの古い硬貨で、やがてはドブラに取って代わられるようです。

ではどのくらいの価値なのでしょう。

ある文献によれば、一四世紀中頃には、小麦約五五リットルが数マラベディーから二〇マラベディーくらい、農民・左官・大工などの日当が三から五マラベディーくらい、頭巾付き外套は六から八マラベディーくらい、だそうです。

ということは、二五万マラベディーは相当の大きな数字ですが、こんな記事もありました。「フェルナンドは条約を結ばせ……イブン・フードは休戦のために四三万マラベディーを納めることになった」「ハエン条約では、ハエンを引き渡す、フェルナンドの家臣となって平時も戦時も彼に仕

える、毎年彼の宮廷を訪問し年一五万マラベディーを貢納する」「イブン・フードが五万二千マラベディーを毎年支払うことを条件に」などです。なるほど、国と国が協定するとき両者が妥協できるのは、数万から数十万マラベディー、という金額なのですね。

このようなお金をカスティーリャに支払って臣下でいることは、グラナダ王国を長らえさせるために、是非とも必要だったのです。

しかし、アルフォンソ一〇世は、グラナダとの協定を平気で破ってきます。本来カスティーリャは敵であり、いつグラナダに向けて侵攻を始めるかわかりません。

「やはり、何かの時に頼るべきは、同じイスラムのマリーン朝しかない」

「マリーン朝」

マリーン朝は一二世紀終わりに北アフリカに興《おこ》った王朝で、一二六九年にはムワッヒド朝の首都マラケシュを征服してムワッヒド朝を滅ぼしています。

ムハンマド二世はこのマリーン朝に頼りますが、マリーン朝のスルタン、アブー・ユースフも、

「同胞のナスル朝を助けてやらねばな」

と、実は声がかかるのを待っていたのです。

「喜んで力をお貸ししよう。そのためには、例えば、アルヘシラス、タリファ、ジブラルタルの

港をお借りできるかな」

マリーン朝はイベリア半島に橋頭堡《きょうとうほ》を作りたかったのです。軍隊を率いてナスル朝のために来た代わりに、アフリカ大陸に面している三つの重要な港を、我が物顔に使い始めたのです。

ちょうどこの時期、カスティーリャ王アルフォンソ一〇世は、国から出ていて留守でした。一二五〇年頃、神聖ローマ皇帝位が空位となり、母方の血筋からすると自分も神聖ローマ皇帝になれると見たのです。自分を推す者もいたのですが、実際はハプスブルク家のルドルフが選ばれ、アルフォンソ一〇世はそれに抗議するために旅立ち、カスティーリャを離れていたからです。

マリーン朝は、そのカスティーリャ王不在の間にイベリア半島に拠点を作ってしまおうとしたのです。その後コルドバやハエンの沃野《よくや》を荒らしていきました。アスキルラ家との問題を解決したかったムハンマド二世なのですが、マリーン朝はむしろアスキルラ家側に立っているかのようでした。そうこうしているうちに、マラガを支配していたアスキルラ家の人物が死去し、マラガはマリーン朝に譲られたのです。

いくら何でもムハンマド二世は黙っていられず、今度はカスティーリャに戻ってきたアルフォンソ一〇世と協定しました。アルフォンソ一〇世がアルヘシラスを包囲するとマラガは孤立し、ムハンマド二世は直接戦うことなくマラガを手に入れ、そこを従兄弟のファラジュに任せて娘ファティマとファラジュを結婚させたのです。これでマラガ問題は一応解決したのでした。

［カスティーリャの王位継承問題］

ところでカスティーリャでは、王位を巡ってのかなりややこしい争いが起きていました。アルフォンソ一〇世には、長男フェルナンド・デ・ラ・セルダと次男サンチョがいたのですが、アルフォンソ一〇世がカスティーリャを留守にしている間に、マリーン朝がアルヘシラスへ上陸間近という情報が入ったのです。

父王不在中、摂政をしていたのは長男のフェルナンド・デ・ラ・セルダでしたが、この人が当地に向かう途中、病死してしまいます。兄死去の知らせを受けた弟サンチョは、

「ここにサンチョあり、今こそ我が存在を知らしめる時」

とばかりに勢いよく駆けつけ、手際良く指揮を取り、マリーン朝の補給路を押さえてマリーン朝勢を追い返すことに成功し、一躍英雄となったのです。

「兄フェルナンド・デ・ラ・セルダは亡くなった。その兄に代わってマリーン朝の侵入を防いだのはまさにこの私である。父王を継いで次期王となるのは、私以外にはいない」

と、当然に次期王位に就くことを宣言するのですが、父アルフォンソ一〇世は困るのです。

というのは、当時、国内に統一された法律はなく、領主により、地方により、異なる基準で決め事があったためアルフォンソ一〇世は「国内は統一された法体系のもとで統治されるべきだ」と考え、「七部法典」という統一法を編纂《へんさん》していたのです。その中には、それまで曖昧だった王位継承順序に関する部分もあり、それによれば、

「次期王位に就くのは、王の長男であり、長男の子孫である」となっているのです。「王の長男」フェルナンド・デ・ラ・セルダは死んでしまいましたが、「長男の子孫」は既に誕生していました。

この王位継承問題を解決せずにアルフォンソ一〇世は死去しますが、実際に王位に就いたのは実力者サンチョ四世でした。しかし長男のフェルナンド・デ・ラ・セルダ側を推す臣下も多く、この先かなり長い間、カスティーリャ王家ではサンチョ派とセルダ派が争うことになるのです。そしてセルダ派を強く支持していたのは、なんとサンチョ四世のすぐ下の弟フアンでした。

2 「善人グスマン」の話

ムハンマド二世の時代に一番知られているのは、「善人グスマン」の話でしょうか。

イベリア半島の南端に、タリファという町があります。〈図2〉で見ると、一二六六年にはグラナダ王国の一部ですが、それまでにもそれからにも、歴史があるのです。

後ウマイヤ朝が一〇三一年に滅ぶと、それぞれの町の名前を付したような群小国ともいわれるタイファ国、例えば、バダホス国とかセビーリャ国とか呼ばれる国々が林立したのですが、タリファはアルヘシラス国の支配下にありました。その後、タイファ国の中でセビーリャ国が強大になっていくと今度はその支配下に入り、やがてムラービト朝、ムワッヒド朝の一部となり、その後も半島最南端の港として、グラナダ王国もカスティーリャも、北アフリカに興ったマリーン朝も、タリファの港を手に入れたいと切望していたのです。

ムハンマド二世はマリーン朝に頼った代わりにタリファをマリーン朝に渡していましたが、カスティーリャ王サンチョ四世もやはりタリファを手に入れたく、一二九二年に包囲しその年のうちに降伏させ、タリファはカスティーリャの支配下となったのです。タリファ城の守備隊長は、アロンソ・ペレス・デ・グスマンという男でした。


しかし二年後、今度はグラナダ王国とマリーン朝がタリファを包囲したのです。約五〇〇〇人もの兵士で囲んだと言われています。ただ、このイスラム勢力にサンチョ四世に反抗しているカスティーリャ王子のファンも関わっていて、そのファン王子とともに、アロンソ・ペレス・デ・グスマンの次男ペドロもいたのです。そして包囲側は、そのペドロを人質にして守備隊長のアロンソ・ペレス・デ・グスマンに迫ったのです。

城に向かい、

「城を明け渡すように。明け渡さねば、貴殿の息子の命はない」

と伝えたのです。タリファ城からの返事は、

「そのような申し出は拒否する。降伏するつもりはない」

というものでした。それだけでなく、守備隊長のグスマンは城の塔から短刀を投げて、

「これで殺せ」

とまで叫んだのです。

グスマンの息子は殺されましたが、これはキリスト教国側から見れば、

「守備隊長グスマンが息子の命と引き換えにタリファの町を守り抜いた。イベリア半島最南端の町はこうして守られた」

と素晴らしい話となっていくのです。

以後、この守備隊長アロンソ・ペレス・デ・グスマンは「善人グスマン」と呼ばれ、初代サンルーカル領主となり、その子孫はニエブラ伯、メディナ・シドニア公とその地位を高めて、一六世紀のカール五世の時代に、スペインのグランデス、つまり大公貴族となっていきます。

善人グスマンの偉業でタリファの港は完全にマリーン朝から失われ、マリーン朝が安全に使える大きな港は、アルヘシラスとジブラルタルだけとなりました。

また、サンチョ四世の弟フアン王子はその後、グラナダ王国のムハンマド二世の宮廷に保護されますが、サンチョ四世の孫のアルフォンソ一一世がわずか一歳で王位に就くと、フアン王子は今度はその後見人グループの一人となっています。

この辺りを見ると、誰と誰が戦っているのか、どの国とどの国が敵対しているのか、実に茫漠《ぼうばく》としています。その時その時によって、立場を素早く自然に変えていくことが生き残る方法だっ

たようですね。

「善人グスマン」に関する感動的な話はキリスト教国側から見たものですが、グラナダ王国のムハンマド二世からすると、本来はグラナダの領土とされるところをマリーン朝が居座っているのが良いのか、カスティーリャが占領しているのが良いのか、難しいところだったでしょう。はっきりしているのは、カスティーリャが王位継承問題で内紛状態にあるのはとても良い、ということです。ムハンマド二世は、このチャンスに国固めをしていきます。

この人は「法律家」と言われていましたが、法律に詳しかっただけでなく、科学を愛し、知性、知識、哲学、詩、天文学、医学の擁護者でもありました。その上、ナスル朝の基本的な社会体制や機関、高官や大臣の地位、裁判や軍隊の組織などを整備したようです。亡くなったのは寝室のベッドの上で、民衆からも愛されていたので平和に死ねたと言われています。

３　弟に退位させられたムハンマド三世

［詩人でもあった］

この人は目が悪かったらしく、「盲人王」とも呼ばれているのですが、勉学のし過ぎで視力を害した、とされています。勉強家であっただけでなく、学芸保護者であり、性格としては寛大で寛容で忍耐強く、姿も良く民衆のこともよく考え、さらには、自らも詩人でした。王位に就いた年齢は父ムハンマド二世よりもさらに遅く、四五歳の時でした。さぞたっぷり勉学を積んだのでしょう。

父である先王が亡くなった翌日に王位を宣言し、セレモニーが開かれました。セレモニーでは王の前を順番に人々が通り、先王へのお悔やみと新王へのお祝いを述べるのですが、その順番は規則にしたがってまず貴族、次に軍人なのです。でもムハンマド三世の場合、その次の順番があって、それは詩人たちでした。詩人を貴族や軍人と同列に位置させるというのは、流石ですね。

詩人としての逸話は他にもあって、囚人たちの中に王が喜ぶような詩を読む人物がいると、この囚人を自由の身にした、などという話もあるのです。詩人は特別扱いだったのです。

また、外国人がグラナダに来ることを好み、イスラム教徒とキリスト教徒の結婚も歓迎したようです。

三代目ともなると流石に余裕と自由があって、随分とゆったり自分の好みに沿って生きていたようにも見えるのですが、実際はどんな統治を行なっていたのでしょう。

少しだけ詩人の話をします。アルハンブラで有名な詩人は三人いますが、ここで最初の詩人イブン・アル・ジャイヤーブが登場します。この人は、父王ムハンマド二世の時代に王の秘書官となり、なんとその後ユースフ一世まで六代の王に仕えています。ムハンマド三世が王位に就いた時も秘書官あるいは書記局勤めだったのでしょう。ムハンマド三世もこの詩人を大切にしましたし、良き詩人は滅多に現れない、ということかもしれません。

アルハンブラ宮殿には何やら文字が描かれています。何も読めないので、多分アッラーの神を称える言葉が描かれているのだろうな、などと想像しているわけで、内容はその通りなのですが、その文章は宮廷の詩人たちが作っているのです。もちろん、イブン・アル・ジャイヤーブもそのひとりでした。

あとの二人は、やがて登場しますが、イブン・アル・ハティブとイブン・サムラックという人物です。

「取られた領土は取り返そう」

祖父、父の政治を見て育っていたので、外交政策が非常に複雑なものであることは知っていました。どこと協定を結ぶべきで、どこと対立せねばならないか、難しくデリケートな問題だったからです。

ただ、お隣カスティーリャでは、サンチョ四世の息子フェルナンド四世がわずか一〇歳で王位に就いており、今もまだ一七歳で、とても強い王とはいえません。

「今こそ、奪われた領土を取り返す時である」

この人は行動的であり、王位に就くとすぐに動き出しました。

王位に就いた年に、ウベダの南東にあるケサーダを取り戻しました。父王ムハンマド二世はここを攻略し一旦は手に入れたのですが、それを一三〇〇年には失っていたのです。三世にしてみれば、当然に奪い返すべき町でした。

その翌年、今度はケサーダの南西の町ベドマルを取ったのです。ここはカスティーリャとの国境の町で、父ムハンマド二世が攻撃はしたものの、取ることのできなかった町でした。城主の妻マリア・ヒメネスは美人で有名でしたが、ベドマルを制すると、町の宝物や金や銀、そして美人のマリア・ヒメネスや他の女性たちを戦利品としてグラナダに持って帰ったのです。ところが、その美しさを知ったマリーン朝のスルタンに請われ、マリア・ヒメネスをマリーン朝に渡しましたが、これは当時の立派な外交でした。

その後、すぐに居城のアルハンブラ宮殿にアラゴン王の大使が現れたのです。一年の休戦協定を結ぼう、というものでした。

またカスティーリャ王フェルナンド四世は著名なイスラム法学者をムハンマドに送り、三年の平和条約を結びました。カスティーリャ王の臣下となり毎年税金を払うことになったのです。これは、アラゴンがムルシアまで領土を拡張することを恐れての判断でした。

なんと忙しいことでしょう。王位についてわずか数年の間にあちこちと外交し、町を奪っています。急ぎ過ぎねば良いのですが。

　そして一三〇五年、マリーン朝の戦いに干渉して北アフリカの港セウタをグラナダ王国の一部にしています。セウタは、一二三六年頃からマリーン朝や他のイスラム国の支配となっていた町で、戦略上重要なところだったのです。今度のグラナダ王は、始終外交ばかりしている、何か変だと思っていた周囲の国々は、このグラナダのセウタ支配を黙って見ているわけにはいきませんでした。

　一三〇九年、マリーン朝のスルタンはセウタを包囲、アラゴン王ハイメ二世はアルメリアを包囲、カスティーリャ王フェルナンド四世はアルヘシラスを包囲したのです。そして、ムハンマド三世の政治に不満な貴族たちも大勢いたのです。

［弟によって退位させられる］

　カスティーリャともアラゴンともマリーン朝とも結ぶ、というムハンマド三世の外交に反対する貴族たちは、ムハンマド三世の母違いの弟ナスルを首領として、グアディクスとアルメリアで反乱を起こしていました。その力はムハンマド三世を退位させるまでになったのですが、やはり王だった人物を捕らえるのですから、ムハンマド三世は最初はヘネラリーフェに連れて行かれ、のちに海岸沿いの町アルムニェカルに追放されたのです。

　グラナダ王国に少し不穏な風が吹いてきたのでした。

◆アルハンブラ宮殿(2)　ヘネラリーフェとパルタル宮◆

　ムハンマド二世の時代を思う時、特記すべきは「善人グスマン」の話ですが、アルハンブラ宮殿についても、ムハンマド二世は素晴らしい仕事をしました。それは、夏の離宮へネラリーフェと、そこに行くためのアラバル門の建造です。

［ヘネラリーフェ］

へネラリーフェは、普通我々がアルハンブラを見学するとき最後に辿り着く宮殿なので、一番新しいような錯覚を覚えるのですが、実は、ムハンマド二世の頃に建てられました。

　庭や果樹園に囲まれていますが、標高の高いところにあり、水をアルハンブラに供給するための建築物にもなっているのです。ヘネラリーフェには、休息の場所や農業の場所、牧場、禁漁区などがあり、果樹園も少なくとも大きなものが四つはあったとされます。そしてその後に随分と改変されているのです。

　中央部の「アセキアの中庭㊸」は、当初から宮殿の核となっていたところで、細長い池を噴水が囲んでいます。そして、北側と南側には、それぞれ柱廊をもった別棟があり、特に重要な北の別棟は王の部屋とされています。五つのアーチの柱廊と隣接した寝室があり、中央のアーチは横のアーチよりも幅が広いのですが、これは伝統的な配置でした。また、北の別棟には「イスマイル一世のバルコニー」と、孫に当たる王の名前の付された場所もあります。イスマイル一世時代に増築されたバルコニーなのでしょう。

ヘネラリーフェとはアラビア語で「建築家の庭園」という意味なのですが、ここを建設するのに、ムハンマド二世は相当な建築家に任せていたのだと言われます。また、庭園を爽やかで涼しげなものにしている印象的な「アセキアの中庭」ですが、「アセキア」とは「灌漑用水路」という意味で、美しさと実用を兼ね備えている場所だったのです。

アセキアの中庭（上が北棟、下が南棟）

「アラバル門」⑮

ヘネラリーフェに行くには、二つの方法があります。一つは、アルハンブラ宮殿から「アラバル門」を通って坂道を辿って行く方法です。ヘネラリーフェに着くとまず馬から降りる中庭があり、ここには馬の水飲み場にもなっていいます。もう一つの方法は、南の別棟側から行く方法で、これは外部とつながるものでした。

このアラバル門を守るための「くちばしの塔⑯」もムハンマド二世の建造です。とにかく、涼しく静かで、激務からいっときでもいいから離れられればなあ、などというムハンマド二世の思いが伝わってきそうです。確かに、ヘネラリーフェはいかにも涼しそうな感じがしますが、アルハンブラの王様たちも、立派な宮殿も大事だけど、まず涼しい宮殿を、政治や裁判のための宮殿も必要だけど、まず楽しみと休息のための宮殿が必要と思ったのでしょうか。

息子のムハンマド三世も同様に素晴らしい建築を残しています。

［葡萄酒の門］㉞

アルカサーバに近いところに「葡萄酒の門」がありますが、これは、ムハンマド二世が建設

葡萄酒の門

ともムハンマド三世が建設ともされているので、どちらにしても、初期のナスル朝の時代に建てられたものでしょう。当初は「赤い門」という名前だったのですが、一六世紀ハプスブルクの時代になってから、ここにアルハンブラの住民たちが消費するための葡萄酒を貯蔵していたので、「葡萄酒の門」と呼ばれるようになりました。

この門は、軍事領域であるアルカサーバと市民ゾーンの境界線として位置しています。この時代はまだ、メスアール宮などのしっかりした宮殿はありませんでした。

「パルタル宮と貴婦人の塔」⑬

ムハンマド三世は「パルタル宮」も建造したのではないかと言われています。パルタル宮はアラバル門の少し西に位置し、「貴婦人の塔」が有名ですが、ここでは合わせて⑬として図示しました。

パルタル宮自体、以前に存在していた宮殿の名残ではないかと言われていますが、その美し

パルタル宮と貴婦人の塔

いアーチと、手前の池に揺れて映るアーチの姿が印象的です。ここのアーチもヘネラリーフェの北の別棟と同じく、アーチは五つで、中央のアーチが横のものより幅が広くなっています。

なお、「貴婦人の塔」についてもこう呼ばれたのは一六世紀以降のことで、繊細な美しさが貴婦人のように映ったのでしょう。

［大メスキータ］㊲

ムハンマド三世は、イスラム世界において最重要である「大メスキータ」を造っています。現在のサンタ・マリア教会のところにあったものです。

ムハンマド三世は浴場も造ったのですが、アルハンブラ宮殿で見学する「王の浴場（112）」ではなく、ヒディド城塞の中に造ったのでした。どこででも、浴場は必要とされていたのです。

サンタ・マリア教会

第3章　最初の危機

ナスル
私は略奪者か
イスマイル一世
「イスマイル・ナスル朝」が始まった
ムハンマド四世
武闘派か文人派か
侍従は元キリスト教徒リドワン

建国者ムハンマド一世から息子、その息子、とひとまず順調に王位が継承されてきましたが、それがずっと続くわけではありません。吹き始めた不穏な風は次第にその激しさを増していくのです。

1　異母弟ナスル、混乱深まる

異母弟ナスルの言葉です。

「兄ムハンマド三世のやり過ぎは、正さねばならない。兄の仕事を正すことができるのは、この私である」

ムハンマド三世が周りの強国たちと無節操に協定を結んでいった結果、今や、カスティーリャとアラゴンとマリーン朝が皆「対グラナダ」で協定を結ぶ、ということになってしまったからでした。

兄ムハンマドは正妻の子でしたが、弟ナスルは、元はキリスト教徒だった愛人の子で三〇歳も年下、立場も強さも異なっていたのです。しかし不満貴族たちは、この若い弟ナスルをこの国の王にしようと考え、ナスルを首謀者としてグアディクスとアルメリアで反乱を起こしたのでした。これは、グラナダ王族内での最初の反逆ということになります。

そして弟ナスルがグラナダ王となったわけですが、実際には自分の力というより、反ムハンマド三世派の貴族たちとマリーン朝の将官オスミンの力によるところが大きかったのです。王になって最初の仕事は、三強国とできるだけ早い時期に新たな協定を結ぶことでした。ですから、兄王から王位を略奪したと言われながらも、ナスルの王位一年目は、実に忙しかったのです。

三強国はそれぞれ動いていきます。

カスティーリャ王フェルナンド四世はアルヘシラスを包囲し、ジブラルタルを占拠します。しかし、カスティーリャ軍を病気が襲ったために、カスティーリャにケサーダとベドマルを返還するという条件を出して、アルヘシラスの包囲を解きました。しかしジブラルタルはキリスト教国が支配することになったのです。しかも、グラナダはカスティーリャに賠償として五万ドブラを支払うことになり、ナスル王は改めてフェルナンド四世の臣下となったのです。

第2章ではマラベディーというお金の単位が出てきましたが、ここではドブラです。ドブラは、中世と近世初期において、イベリア半島のキリスト教国やイスラム国の、また、北アフリカの国で使われていたいろいろな金貨の名前とされています。「ドブラ・なんとか」という、名前にドブラの付いた貨幣がいくつもあり、イスラムのディナール貨幣を元にしたもののようです。

マラベディーとの関係でいえば、「通常は一ドブラは三六マラベディーだったのに、今では、三〇〇マラベディーにもなっていて、馬一頭が六万マラベディーにもなっている」という記事もありました。こんな風に変動していると、マラベディーと対応させてもあまり意味がないように思えるのですが、「一三一〇年の休戦に一万一千ドブラ」「一三三一年の休戦に一万五千ドブラ」という記事もあるので、休戦には、やはり数万ドブラという金額が必要だったのでしょう。

また、「一名殺害　一〇ドブラ金貨相当額の物品を強奪」「コテ城主殺害　二〇ドブラ金貨相当額の物品を強奪」「五〇ドブラ金貨相当額の家畜・物品を強奪」という恐ろしげな記事もありました。強奪の際は数十ドブラだったのですね。

アラゴン王ハイメ二世は、アルメリアを包囲した後、ここをアラゴンの領土としました。さらに北アフリカのセウタは、アラゴンの助けを借りたマリーン朝のスルタン、スライマーンの手に渡りました。

結局、ムハンマド三世の外交に反対した貴族たちが弟ナスルを王位につかせて、奪った町々を返却したという形となったのです。この動きは、兄王ムハンマド三世の外交の失敗か、兄を追放して王位についたナスル王が失敗したのか。とにかく、グラナダ王国から国力も領土も奪っていきました。

ところが今度は、このナスル王への反対派が頭を持ち上げてきたのです。さらに運の悪いことに、ここ二年間ほどグラナダは乾燥のために穀物が不作でした。肉も野菜もパンも値上がりし、それにもかかわらず、ナスル王は豪華な暮らしをしていました。不満分子たちがナスル王に矛先を向けるのは、時間の問題だったのです。

　ここまで見るとムハンマド三世の異母弟のナスルは、なんだか悪者かつ無能のようですが、ナスルはむしろ若く賢く聡明な男であって、途方もない野望を持っているような男ではありませんでした。兄ムハンマド三世のやり方ではグラナダはとんでもないことになる、と不安にかられた貴族たちと同じ考えで立ち上がったのです。好んでいたのは数学や天文学ともいいます。

　王位にいたのはわずか五年ですが、ナスル王が死んだ、という噂が流れたことがあります。アルムニェカルの城にいた兄ムハンマド三世も、その噂を耳にしました。アルムニェカルには古い城があり、もちろんムハンマド三世はそこで暮らしていたのですが、果物は新鮮だし、水もきれいで、肉も魚も美味、それに城からの眺めも素晴らしく、全体にのんびりしていて、捕われの身といえども気楽な暮らしをしていたのです。

　しかし「何？　弟が死んだと？」と、ムハンマド三世にはまた野望が湧いてきたのです。支持者たちが集まり、それなら、と輿《こし》を用意し先王をこれに乗せ、グラナダへの道を進みました。グラナダの近くまで行き、民衆は喜ぶかとあれこれ算段していたところ、「弟死去」は誤報だったことがわかります。

　ムハンマド三世がグラナダに近づいていることを知ったナスル王は驚き、臣下たちは口々に、「まだ王位を窺《うかが》っているとは危険極まりない。土牢に入ってもらわねば」

と言います。しかし、自分は略奪者ではないのかと常に自責の念を持っていたナスル王は、臣下の助言を蹴って、兄をアルムニェカルに返すのでした。

ムハンマド三世はそのままアルムニェカルで死去するのですが、自然死だったとも、誰かに水路で溺死させられたとも言われています。その誰か、とは誰でしょう。ナスルなのでしょうか。

ところで、ナスル王に反対するというのなら、一体誰を王に推すのでしょう。

「グラナダ王なら、ここにおるぞ。我が息子イスマイルがいるではないか。我はすでにマラガで独立しており、息子イスマイルをグラナダ王と、すでに宣言したのである」

と声を上げたのは、ムハンマド三世やナスル王の義兄弟で、マラガの統治者であるファラジュでした。息子のイスマイルがアルハンブラにいたのです。民衆や貴族たちも声を合わせます。

「我々民衆は貧乏な暮らしに耐えている。贅沢なナスル王は代わってもらわねばならない。次の王はイスマイル様だ」

今度は自分が甥《おい》の軍隊に包囲され、ナスル王はグアディクスに逃げざるを得ませんでした。ただし、退位させられグアディクスに追いやられてからも、ナスルは再び立ち上がることを目指していました。友人でカスティーリャ王子のペドロに助力を頼んだのです。このペドロ・デ・カスティーリャは、フェルナンド四世の弟です。ペドロは喜んで引き受け軍を送るのですが、ペドロの意図はグラナダを征服することで、そのためにナスルをグアディクスで独立させよう、というものでした。そして、グラナダ王国を二つに割れば、ずっと以前にそうだったように、グラナダを自分たちキリスト教国側にしやすくなるだろうと考えていたのです。とはいえ、この構想はまだ時期尚早でした。グラナダ王国に少しは危機が来ましたが、まだ十分に体力はあったのです。

当のナスルは七年後、グアディクスの地で亡くなりました。不本意な人生だったかもしれません。

２　枝分かれするグラナダ王、イスマイル一世

「我が父は、マラガ総督ファラジュである。ファラジュの強さをご存知か」

イスマイル一世が王位に就いた頃は、まだ父の力が強かったのです。ということで〈大系図〉を見てみると、このイスマイル一世、父も母もすごいのです。父ファラジュはムハンマド二世の従兄弟でマラガ総督を任されています。母ファティマはムハンマド二世の娘で、父から可愛がられており、息子イスマイルは、小さい頃は祖父ムハンマド二世のいるアルハンブラで過ごしていたのです。

イスマイルはこのように語っています。

「祖父ムハンマド二世王の息子たちが王位に就いた。次は当然に、ムハンマド二世王の孫が王位に就くべきである。私はまさにムハンマド二世王の孫なのであるから、これ以上正当な者はいない」

なるほど、血筋としては全くその通りであり、そのうえ父ファラジュは、ムハンマド二世の時代からマラガの総督として、また王の相談役として重要な地位にいました。ファラジュはナスル

の支配には不満であり、ナスルがムハンマド三世を退位させて王位に就いた頃、マラガで勝手に独立宣言をし、息子イスマイルをグラナダ王であると宣言しています。また、ナスル王に対する反乱はグアディクスにも広がり、グアディクスでも反乱が起こるのです。さらに、アンテケーラでイスマイル軍はナスルに勝利しました。

そのようなことから、ファラジュの息子イスマイルはアルハンブラを奪い取り、ここに入り、ナスル王を退位させたのです。歴史はあっという間に繰り返されました。

この人からグラナダ王国の王位は、枝分かれをしました。そのイスマイル一世とはどのような人物なのでしょう。当時の描写によれば、なかなかの人物だったようです。

子供時代から狩を好み、ハンサムで強く、いかにも貴族という風貌でした。マリーン朝の援助も手に入れ、王国が不安定だったために軍隊を強化する準備も怠りませんでした。活動的で寛大で、真面目で広い心を持ち、誠実で、信仰心が強くイスラムのモラルにも厳密だったようです。他の王たちがするようなお遊びの恋愛はほとんどせず、軽薄でもなく、その上、お酒を飲まなかったといいます。自らお酒を飲まなかっただけでなく、酒を禁じ、男たちの宴会に女奴隷の歌手が現れるのを禁じたのです。

では全て素晴らしかったのかというと、怖ろしいこともしているかもしれません。前王ナスルをグアディクスに追いやったのは仕方がないとしても、ムハンマド三世を溺死させたのはこのイスマイルではないか、という説もあるからです。溺死させた張本人がこのイスマイルだったとしたら、かつてのグラナダ王ムハンマド三世に、「自分は弟ナスルに退位させられたが、本当の王はこのムハンマド三世である。自分が正当な王である」と主張されることを恐れたからなのでしょう。

３「グラナダ沃野の大惨事」

このイスマイル一世は何をしたかというと、ひたすらカスティーリャと戦い続けて、そして決定的な勝利を得ているのです。

王位に就いた一三一四年頃、カスティーリャでも問題が多かったのです。カスティーリャ王はアルフォンソ一一世に移っていましたが、この王様はこの時まだわずか三歳だったのです。本人が政治などできるはずもなく、かといって王を交代させることもできず、結局幼い王に摂政を置こうとしたのですが、今度は誰を摂政にするかで揉め、結局数人の後見人グループが形成されました。母や祖母、叔父のペドロ王子（フェルナンド四世の弟）や大叔父のファン王子（サンチョ四世の弟）や、さらに遠い親戚筋でした。ですからカスティーリャとの戦いというのは、具体的には、後見人グループであるペドロ王子やファン王子との戦い、ということになるのです。

前王ナスルはグアディクスに追いやられた後、友人であるこのペドロ王子に助力を頼んでいるのですが、ペドロ王子は、もう一人の後見人であるファン王子と考えが一致していました。まずグアディクスへ、次いで手を組んでグラナダに攻め入りグラナダを降伏させよう、という考えだったのです。

カスティーリャ軍のグアディクスへの遠征はとても壮大なものでした。仰々しくて派手で、誰が見てもただごとではないことがわかります。全ての望楼には分遣隊がいて、地平線までを見渡していました。

一三一五年、ペドロ王子に率いられた軍隊がウベダから来ていました。ここには多くのカスティーリャ貴族、騎士、また偶然にも騎兵隊や労働者たちや手工業者たち、荷物を背に乗せているラバ隊までがグアディクスを目指して進んでいたのです。グアダオルトゥーナという、グアディクスまであと三〇キロメートルという町で戦闘が始まります。両軍ともかなり壊滅状態になり、この戦いは終わりました。

また、この年、ペドロ王子はアルカウデーテを包囲し、さらには、マルトスでイスマイル軍に勝利します。ファン王子はベドマルの南のベルメスの城を攻略しています。

翌一三一六年には、ペドロ王子がポルクーナでイスマイル軍を破っています。

ところが一三一九年、勢いに乗ってグラナダの沃野に攻め込んだ時は勝手が違いました。グラナダ軍に助力するマリーン朝の将官オスミンの戦いが巧みで、カスティーリャ側を上回ったのです。カスティーリャ側はイスマイル側の軍隊の前に敗れ、ここにカスティーリャ王アルフォンソ一一世の後見人であるペドロ王子もファン王子もともに命を落としたのです。

敵軍の二人の大将の命を奪ったのですから、この戦いはグラナダ軍の大勝利となりました。戦いの場所の名前をとって「シエラ・エルビラの戦い」と呼ばれますが、カスティーリャ側から見れば、「グラナダの沃野にまで攻め込んで行ったら大敗北をしてしまった」のです。そこで、一般には「グラナダ沃野の大惨事」と呼ばれています。

これ以後、アルフォンソ一一世が成人となるまで、カスティーリャはグラナダ戦をするのが困難となり、イスマイル一世は、アルハンブラ宮殿の建設に力を入れることができるようになったのです。

4　あまりに軽率な恋だった

その数年後、イスマイル一世は、またアルハンブラを出ます。それは、グラナダ王国の北の境界の町々を取り戻すためでした。指揮官は、またもやマリーン朝の将官オスミンとイスマイル一世自身でした。亡きペドロ王子に奪われたマルトスも取り返さねばなりません。

このマルトスでの戦いに勝利して、イスマイル一世はグラナダに凱旋帰国をするのですが、アルヘシラスの首長の息子で従兄弟のムハンマド・ベン・イスマイルも共に戦い勝利しました。そしてこのムハンマドは美しいキリスト教徒の娘を捕虜にして連れて帰ってきたのです。得意になって誇らしげにイスマイル一世に見せると、あまり軽率な恋をしないはずのイスマイルはどうしたことか夢中になり、また大勝利を得たことで何でもありの気持ちになっていたのか、無理矢理そのキリスト教徒の娘を自分のものにしたのです。

イスマイル一世は、王様には珍しく堅物なのかと思っていたのですが、ここでの恋はいかにも軽率でした。凱旋帰国でグラナダに戻って数日後、イスマイルは祈りを捧げようとしているところを、この従兄弟のムハンマドとその仲間たちによって暗殺されたからです。ナイフで刺されたのでした。奴隷たちは王をすぐさま宮殿の一室に連れていき、王妃のベッドに寝かせ、まもなく医者がきましたが、傷口は塞がらなかったのです。

ちなみに、ここでナスル朝は枝分かれしたのですが、以後のナスル朝を「イスマイルのナスル朝」とも呼んでいます。

新たな系統の創始者であり、「グラナダ沃野の大惨事」では歴史に残るほどのイスラム大勝利を勝ち取ったイスマイル一世ですが、呆気なく亡くなってしまいました。

枝分かれ派から登場してきたイスマイル一世にもっと政治をして欲しかった、と思うのは私だけでしょうか。この人だったら、もっと歴史を面白く動かしてくれたような気がしていて、思いがけなく突然に死んでしまったことが勿体無いのです。

人は、勝利に浮かれた時や、自分が本当の自分よりも大きく見えたりするときは、要注意なのです。

5　軍事と政治の対立、ムハンマド四世

「オスミンもアル・マフルクもいらん、アブル・ヌアイム・リドワンを側に置く」

強気に決意表明をしているのは、幼くして父イスマイル一世を継いだムハンマド四世です。

この王様は一〇歳というまだまだ子供の時に王位に就き、その統治の初期は、軍事を指揮するオスミンと政治を支配するアル・マフルクでなんとか乗り切り、そして自分の時代になると侍従に新しくアブル・ヌアイム・リドワンを置いて、さあこれから、となったのです。

軍事の中心は、マリーン朝の将官オスミンです。この人はオスマンとも呼ばれ、もっとはるかに長い、ウスマーン・イブン・アビー・アル・ウラーという名前でも呼ばれています。ナスル王誕生の時に軍人として大きな役割をしましたし、そして何よりも、「グラナダ沃野の大惨事」であのイスマイル一世に大勝利を与えた大英雄です。父の時代の功労者ですから、粗雑には扱えません。

ムハンマド四世が戦いに向かうとき、いつも隣には将官オスミンがいて、共に軍事出動をしていました。カスティーリャとの国境付近にルテという町があり、以前はナスル朝に属していましたが、あの「グラナダ沃野の大惨事」で戦死したペドロ王子が一三一三年にここを征服したのです。

そしてペドロ王子亡き今、ムハンマド四世は将官オスミンとともにカスティーリャが守るルテに攻め込み、奪い返しています。

ところで、そのカスティーリャで軍を率いていたのはドン・フアン・マヌエルという人物で、アンダルシア国境前線総督に任命され、グラナダ王国に攻め込んできていました。

記録によると、グアダルオルセでオスミン軍を破り、次いでオルベラ、プルナ、アヤモンテなどを征服し、海戦においてもイスラム艦隊を破っています。ですから、こんな時にルテを奪い返したというのは、若きムハンマド四世王側の手柄でした。

ちなみに、このカスティーリャのドン・フアン・マヌエルは、軍人としてだけでなく、文学者としても知られています。文芸をも大切にしたカスティーリャ王アルフォンソ一〇世の甥であり、宮廷で育ったため次代の王たちからも可愛がられていたのです。そして、アルフォンソ一一世が幼年の頃には後見人グループの一人となり、あの「グラナダ沃野の大惨事」で大切な後見人であったペドロ王子とファン王子が死去して以来、アルフォンソ一一世のドン・フアン・マヌエルに対する信頼はますます厚くなっていたのです。

ムハンマド四世の宮廷で、政治はアル・マフルクに任されていましたが、この人は、ムハンマド四世の家庭教師であり宮廷の高官で野心的な人物で、エル・ケマードとあだ名されています。ケマードとは日焼けした、とか、焦げた、などの意味なのですが、宮廷の人物なのに色が黒かったのでしょうか。あるいは、激しい感じの人物だったのでしょうか。

このアル・マフルクは偉大な権力を握っていましたが、時とともに人々から嫌われていきました。それは、宮廷の貴族たちを押し潰し、誰かが力を伸ばそうとするとすぐに解雇したからです。若き王ムハンマド四世は、アル・マフルクをこのままその地位につけておいてはいけないと考え、グラナダで反乱を起こしたという理由で投獄し、代わりの人材をその高官の地位に置いたのです。投獄されたアル・マフルクは、実はベルメハスの幽閉塔からお金や友人たちを集めて準備し、人々を扇動していました。流石にムハンマド四世は、このアル・マフルクを生かしてはおけないと、処刑したのです。

将官オスミンは、アル・マフルクの失脚を知って、当然自分にその政治の役割が回ってくるだろうと思っていました。しかしそうではなく、高官の地位は別人に引き渡され、当てが外れたオスミンはムハンマド四世に対して不信・疑惑を抱くようになり、息子たちを連れてアルプハラに行き、そこの民衆を自分側に引きつけることに専念しだしたのです。

ムハンマド四世には、オスミンに代わる軍事指導者を選ぶことが必要でした。適任者がいたのです。それが、ややこしい上に難しい名前ですが、アブル・ヌアイム・リドワンでした。ムハンマド四世とリドワンはアルプハラに行き、裏切り者のオスミンを攻撃しましたが、アルプハラの住民は反抗し、従わせるのは困難だったのです。

　このアブル・ヌアイム・リドワンは、元はキリスト教徒です。子供の頃に捕虜になりグラナダに連れてこられました。しかし抜群に優秀だったのでしょう。捕虜であるのに高い教育を受けさせてもらい、イスラム教に改宗し、ムハンマド四世の子供時代の家庭教師を任され、ここに来てムハンマド四世王の侍従となります。

「侍従」という地位は、いろいろな歴史の中に登場しますが、ナスル朝でこの官職が登場するのはこのリドワンが最初でした。いわゆる首相であり、宰相や他の大臣よりも高い地位であり、王が不在の時には軍の指揮もする、という唯一無二の立場なのです。


　一三三〇年代になるとマリーン朝のスルタンはアブー・アルハサン・アリという全盛期を築き上げた人物になり、カスティーリャを攻撃します。一方、ムハンマド四世はカスティーリャと休戦協定を結び、カスティーリャの臣下であると宣言します。とはいうものの、アルフォンソ一一世を信頼できずにマリーン朝を呼ぶと、マリーン朝は一三三三年にジブラルタルを占領するのです。

　ムハンマド四世の時代は、周りの王様たちがちょっと強すぎたようです。北にアルフォンソ一一世、南にアブー・アルハサン・アリではたまりません。アブル・ヌアイム・リドワンを侍従にして自分色を打ち出し始めたのですが、マリーン朝との同盟はおかしいと思っている貴族たちによって暗殺されました。まだ一八歳の若さでした。

◆アルハンブラ宮殿（3）　イスマイル一世とメスアール宮◆

イスマイル一世王は、メスアール宮のほとんどを建設しています。それだけでなく、他の宮の原型のようなものも築いているようです。ですから、アルハンブラ宮殿を語る上でも、なくてはならない王様なのです。

イスマイル一世時代の大きな出来事といえば、カスティーリャ王子のペドロとファンの軍隊を打ち破った「グラナダ沃野の大惨事」でしょう。勝利したイスマイル一世はエルビラ門を通って勝利の帰還を果たすのですが、グラナダの町を漠然と眺め考えながら、「この町をもっと美しくせねばならない」と強く思うのです。

［王宮について］

メスアール宮を知るために、〈図4〉を見てみましょう。図の上方向が、だいたい北の方角になります。この図には、王宮全体の入口である「小広場（101）」「メスキータの中庭（102）」があり、この中庭には斜めを向いている「メスキータの遺構（103）」があり、そこから「メスアール宮」「コマレス宮」「ライオン宮」と繋がっているのです。

［メスアール宮］

まず「マチューカの中庭（104）」がありますが、マチューカとは、一六世紀のカール五世宮殿の設計者であるペドロ・マチューカがしばらくの間このあたりに住んだために、中庭にその名前がつ

マチューカの中庭

いたのです。「マチューカの中庭」には塔が付属しているのですが、それも、マチューカの塔と呼ばれています。「マチューカの中庭」の隣には「メスアールの間(106)」があります。アルハンブラ宮殿を訪れた訪問者がまず賛美するのは、この部屋でしょう。ここには屋根がついており、公的な場所として

メスアールの間(©スペイン政府観光局)

使われていました。大臣たちが会議で集まったり裁判で判決を受けたりする部屋であり、王家の裁判所の役割や議会場として、官僚を中心と

する仕事場だったのです。

アルハンブラの三人目の詩人であるイブン・サムラックは、ムハンマド五世に仕えていた一三六五年頃の話として、「ここは特別に行政上の部屋とされていた」と述べています。王立裁判所が設置されていたようです。太い四本の柱が形作る空間で閣議が行なわれ、司法案件が決議されていたのです。

また、キリスト教徒の征服後は、ここに礼拝堂が置かれました。

「マチューカの中庭」も「メスアールの中庭(107)」（黄金の間の中庭、ともいいます）も、中庭の周りには柱廊があります。この柱廊は、アルハンブラのあちこちの庭に設置されていて、中庭をただの庭ではなく夢のある庭にしているのです。

「メスアールの間」の北側に「祈祷室(105)」がありますが、他の部屋とその向きが一致していません。それは、メッカを指して南東を向いているからなのです。

「メスアールの中庭」の北側には柱廊と「黄金の間(108)」がありますが、メスアール宮建設時には柱廊も黄金の間も存在せず、この中庭は開

黄金の間のファサード（©スペイン政府観光局）

かれた空間でした。その後建設されますが、ここは、宮殿に入るに当たって許可を待っている場所でした。

天井が金色なので「黄金の間」なのですが、カトリック両王の時代に金箔で装飾されたために、そう呼ばれるようになりました。

イスマイル一世は、こんなことにも気が付きました。

「パルタル宮の西側に、私の宮殿に適した場所がある」

パルタル宮は〈図3〉の⑬にあります。確かにイスマイル一世の時代にはもうパルタル宮は存在していたので、それを見ながら、自分の宮殿をどうしよう、こうしようと考えることはあると思うのですが、この人は考えるだけでなく実行に移したとも言われます。

えっ、どこにそんな宮殿があるの？

「イスマイル一世はパルタル宮の西側に自分の宮殿を建てたが、やがて息子ユースフ一世と孫ムハンマド五世の時代に、美しく装飾をされた全く新たな宮殿となっていった」

という説もあるのです。

ですから、コマレス宮やライオン宮も、その原型はイスマイル一世の時に形作られたのかもしれません。また、この説のとおりイスマイル一世が建てたとしても、多分これは簡素なものだったでしょう。いずれにしても、どの建物も宮殿も、壊したり建て直したり、何度も装飾を施したり増築したりを繰り返して今に残っているのです。

ちなみに、ほとんどイスマイル一世時代に建設されたというメスアール宮も、やはりユースフ一世とムハンマド五世の時代に新たに装飾を施されているので、「この王様がこの宮殿を建てた」というよりも、この三人の王様が建設したり装飾したり、これらの王宮に深く関わった、と言うべきなのかもしれません。

また「武器の門④」もイスマイル一世によるものでした。

イスマイル一世がナイフで瀕死の重傷を負った時に、「王を宮殿の一室に連れて行った」のですが、「王を二姉妹の間に運んだ」とされている文献もありました。それを読んだ時に、まだライオン宮は建設されていないのに「二姉妹の間」があるなんて変だなと思ったのですが、我々が見る「二姉妹の間」のようには完成されていない、まだ荒削りのその部屋が既に存在していたとしても不思議ではないのですね。

武器の塔の門

それにしてもイスマイル一世は、メスアール宮のほとんどと、コマレス宮、ライオン宮の基本的な構造を設計し建築したということになるのです。ナスル朝のグラナダの王たちは、戦いに勝利するとアルハンブラを美しくすることを考えていたようにも思えます。そうしてみると、イスマイル一世が大勝利となった「グラナダ沃野の大惨事」とは、王にここまでの仕事を決断させる程に、勢いをつけるものだったのでしょう。

また、イスマイル一世は、詩人イブン・アル・ジャイヤーブを秘書として任命しています。このジャイヤーブは詩人であると同時に碑銘研究家でもあり、ムハンマド二世、三世の時から宮廷にいましたね。アルハンブラ宮殿の壁には模様のようなアラビア文字が随所に見られますが、イスマイル一世時代に描かれたものは、このイブン・アル・ジャイヤーブが書いたのです。

また、宿泊のためにはヘニル城を使っていました。「ヘニル城」は〈図1〉に出ていますが、アルハンブラ宮殿からは少し距離があります。ですから、アルハンブラの王宮は建設されていても、生活のために使用するにはまだ十分ではなかったのでしょう。

第4章　絶頂期

ユースフ一世
人民は安定を求め、私も平和が欲しい
ムハンマド五世
あの頃は若かった
二度目は自信を持って大らかに
イスマイル二世
強い母と義兄に挟まれ
ムハンマド六世
ファラジュのひ孫なのに
何故に私は不人気か

ユースフ一世にムハンマド五世、なんと輝かしい名前でしょう。グラナダ王国に関する本やアルハンブラ宮殿のガイドブックを見ると、どれにも必ず、

「ナスル朝の全盛期は、ユースフ一世・ムハンマド五世父子の時代である」

「この二人の時代に、アルハンブラ宮殿のコマレス宮とライオン宮が建造された」

と書かれているからです。

とはいえ、「最初の危機」が去ると、いきなり絶頂期です。絶頂期の王様はこの二人だけかと思ったら、もう少しいらっしゃいました。

1　グラナダ王国の繁栄、ユースフ一世

「人民は安定を求める。私も平和が欲しい」

兄ムハンマド四世が一八歳という若さで暗殺されグラナダは大混乱なのですが、そのせいでしょうか、弟ユースフが一五歳で王位に就いた時には誰も反対せず、王位の宣言を臣下たちは認め、服従を誓ったのです。少々のことは我慢するから安定した時代を送りたいというのが、皆の本当の気持ちでした。

王位に就いた一三三三年の頃、カスティーリャ王はアルフォンソ一一世、北アフリカのマリーン朝はアブー・アルハサン・アリがスルタンで、こちらも絶頂期でした。そしてこの当時、カス

ティーリャもマリーン朝も、ジブラルタル海峡に分遣隊を出していました。ここが地理的にいかに重要な港か知っていたのです。

特にマリーン朝は、前王ムハンマド四世の要請に応じてイベリア半島に渡り、ナスル朝を助けるためにカスティーリャからジブラルタルを守る、という名目で、実際にはジブラルタルを占拠したのです。マリーン朝から見れば、目の前の対岸に位置するタリファ、アルヘシラス、ジブラルタルは欲しくてたまらない港であり、東寄りの沿岸マラガ、東のアルメリアも重要、さらには少し内部のロンダも欲しい、そういう状況でした。

「北を向けばカスティーリャ、南を向けばマリーン朝、どちらもやたらと手強い。欲しいのは平和だ、なんとかグラナダ王国に平和を」

ユースフ一世は大胆にも、対峙しているカスティーリャとマリーン朝に大使を遣わし休戦条約を結ぶことに成功しました。翌年にはアラゴンとも休戦条約を結べたのです。

国内の安定を得るために、ユースフ一世は結構激しいこともしています。兄ムハンマド四世暗殺の首謀者を突き止め、その人物と子孫を全て国外追放。主犯は北アフリカのマグレブ地方からのゲリラ戦士をまとめていたからです。

国家機構の停滞を改善。国がどうもうまく回っていない、それは長く一つの地位に留まっている人物が多いからであり、人事の一新が必要。

軍隊は目標を失っている。鍛え直すべし。

メスキータの混乱を正す。メスキータで祈っている時、道で物を売ってはいけない。二つのメスキータが近いところにある時、それぞれ邪魔にならないように祈りの順序をきちんとする。施しについても、施す物やその分け方を統一する。

侍従には、兄の時代を引き継いで、元キリスト教徒のアブル・ヌアイム・リドワンを任命。将官オスミンも必要であるから、高官に戻す。

神学校でありき高等教育機関であるマドラサをグラナダに建設。宗教だけでなく法律、科学、哲学、文学、薬学などを学び、実験室、研究所、図書館、天体観測所も置く。やがてグラナダ大学となりました。

マラガの二つの城、アルカサーバとヒブラルファロ城を雄大にし、城壁を新しくする。


周りの国との休戦条約は四年間ということでしたので、その間だけで右のようなことができるわけはありませんが、その四年間に構想を練り、実現に向けて動き出したのです。

［サラードの戦い］
四年間の休戦期間が終わると、休戦の延長はありませんでした。実は、グラナダの貴族たちは

アルフォンソ一一世に大使を遣わし、「さらに一五年間の休戦の延長を」というユースフの提案を示しました。もちろん「一五年など、とんでもない」とアルフォンソ一一世からは相手にされなかったのですが、本当のところ、キリスト教国側もイスラム側も戦いの準備をしており、名高い「サラードの戦い」が開始されていくのです。

休戦が終わった年、マリーン朝が、あの「善人グスマン」が守り抜いたタリファを包囲します。そして、マリーン朝のアブー・アルハサン・アリからユースフ一世に手紙が届きました。

「一四〇隻のガレー船と共にアフリカを出発し、キリスト教国の艦隊を囲んだところ、キリスト教側の艦隊は、沈んだりその場から去ったりして、いなくなった」

というのです。

この手紙を見たグラナダでは、イスラム側の勝利間近と大祝祭が開かれ、そしてアブー・アルハサン・アリとユースフ一世はアルヘシラスで会合することになったのです。

一方、キリスト教国側も静かに進軍していました。アルフォンソ一一世はセビーリャにいましたが、急を要すると判断しポルトガル王アフォンソ四世の軍隊に助力を要請し、ともにタリファに向かい、その地で戦闘を展開する予定だったのです。

このように進軍していたキリスト教軍とイスラム軍が出会ったのは、サラード川沿岸でした。両軍は対峙し、互いに自軍が正義であるという大演説をし、互いにそれぞれの神に祈りを捧げると、戦闘の開始となりました。一三四〇年、サラードの戦いです。

最初はキリスト教軍が第一歩を進め、続いてアフリカ勢マリーン朝軍が出たといいますが、結局はキリスト教軍の大勝利で終わりました。「キリスト教軍の圧勝」は、一二一二年のラス・ナバス・デ・トロサの戦い以来というほどの大勝利だったのです。

サラード川で勝利すると、アルフォンソ一一世はその勢いで、アルカラ・ラ・レアルの町を包囲します。ユースフ一世も侍従のアブル・ヌアイム・リドワンも、将官オスミンも、補給も包囲を壊すこともできず、この町は落ちるのです。

サラードで敗北したマリーン朝のアブー・アルハサン・アリは、その後息子にスルタン位を奪われ、以後イベリア半島からは手を引くことになります。


ところで、このサラード川の戦いはポルトガル軍の出陣のおかげで勝利を得たといえますが、何故ポルトガル軍が積極的に関与したかというと、アルフォンソ一一世の妃マリアはポルトガル王女なのです。ですから、アルフォンソ一一世は、義父に戦いを手伝ってもらったわけです。

実はカスティーリャ王アルフォンソ一一世には、レオノール・デ・グスマンという、いわば公認の愛人がいました。正式な妃マリアは息子ペドロ王子を産むと、二人はセビーリャの城に入れられ、宮廷とは離されるなど冷遇されていました。ポルトガル王は、

「娘はカスティーリャ王妃だというのに、辛い思いをしている」

と、戦いを協力するための条件を出しました。

「娘マリアを、王妃として尊厳をもって扱うこと。愛人レオノール・デ・グスマンを宮廷から追い出すこと。この二つを約束すれば、軍を出そう」

ポルトガル軍の力を借りたいアルフォンソは、もちろんこれを呑みました。

しかし、サラードの戦いに勝利後も王妃マリアのことは遠ざけて、相変わらず愛人レオノール・デ・グスマンをまるで王妃かのように扱っているのです。しかしこのことが、少し後のグラナダ王国には幸となっていくのです。

［アルヘシラスとジブラルタル］
一三四四年になると、アルフォンソ一一世はアルヘシラスを包囲し、陥落させます。アルヘシラスは、ジブラルタル、タリファァと並んで、アフリカ寄りの三大港町の一つです。
ここは一二七五年からマリーン朝が支配し、その三年後にはアルフォンソ一〇世が包囲していますが、でも占領することはできず、約三〇年後、今度はフェルナンド四世が包囲しますが、カスティーリャ軍を病気が襲ったために、やはり取れません。さらに三〇年経って、アルフォンソ一一世が包囲し、それでも取れず、今回また改めてアルフォンソ一一世が包囲し陥落させたのです。カスティーリャにとって、いかにアルヘシラスが重要な町であるか、そしていかに落としにくい町であるかがわかります。

「ここから、アルフォンソ一一世の称号に『アルヘシラス王』が加わった」
と書かれたりするように、この町を手に入れたというのは、とてもすごいことなのです。

近くのジブラルタルも気になります。

重要な港の一つであり、どこの国も欲しいのです。ムハンマド二世時代、グラナダ王国はマリーン朝に協力を求め、その対価としてジブラルタルを貸与しましたね。これは一二七五年のことでした。この状態は続くのですが、一三〇九年カスティーリャ王フェルナンド四世がジブラルタルを征服し、それから先に書いたアルヘシラスの包囲をしたのです。

その後、ムハンマド四世は統治の最後の頃に、カスティーリャ王アルフォンソ一一世を信用できなくなりマリーン朝を呼びましたが、その時にまたジブラルタルはマリーン朝の占領するところとなるのです。そこを「アルヘシラス王」となったアルフォンソ一一世が包囲するのですが、この包囲の最中にカスティーリャ軍をペストが襲い、アルフォンソ一一世王は、残念ながらここで死去しました。

ジブラルタルがグラナダ王国のものになるには、ムハンマド五世の時代まで待たねばなりません。そして、カスティーリャのものになるには、一五世紀まで待つことになります。

タリファだけでなく、アルヘシラスもジブラルタルも、奪還また奪還が続いていくのでした。

２　ユースフ一世という人物

ところで、ユースフ一世はどのような人物なのでしょう。一三五〇年頃にロンダ、マラガ、ベレス・マラガ、グラナダなどの地を歩いた旅人がいます。イブン・バトゥッタという人なのですが、この旅人がユースフ一世のことを書いています。

それによると、

「ユースフは性格が特別に良い。全ての世界を幸せにすると運命づけられているような人物である。専制君主が多い中で処罰に寛大で慈悲があり、博愛主義者とでも呼びたい人物である。賢く、詩人であり、偉大な文学者であり、学び、読み、いろいろな科学を学び、法律上のことも深く学んでいた。この時代の王の多くは戦争のために生きているが、ユースフはそうではなかった。平和のために、また、都市を建設し、最も知性に溢れる文化や、可能な限り美しく気持ちの良い文明を目指していた」

という人物でした。

また、マラガにはアルカサーバとヒブラルファロ城があったのですが、実際に城を雄大にし城壁を新しくして防備に強いものにしていったのは、ユースフ一世でした。港湾都市としても重要ですし、祖父ファラジュはマラガ総督でしたから、思い入れも強かったのです。莫大な費用を注ぎ込み、自分で設計もしたといいます。

　何より嬉しいことは、アルハンブラ宮殿への貢献度です。防備を強くし、軍事的建造物はマラガのヒブラルファロ城と同様に堅固なものにしています。

　しかし、それだけではなく、宮殿とは文化であり装飾が必要と考えました。防衛力だけあってもいけない、住まいであり文化であり文明であるとして、防衛に優れ、しかも見事に装飾を施されたものを目指したのです。


「さあ、今日は祝いの日だ。おお、おお、皆美しく着飾っておるな。大いに結構。今日は槍試合も行なわれることになっている。皆、大いに楽しんでよいぞ」

　ユースフ一世の治世はある意味平和でした。戦っていない時は、イスラム教徒もキリスト教徒も一緒になって色々な催しをやっており、アルハンブラでも、騎士たちが着飾って馬上槍試合や戦闘ゲームをやっていたのです。

　また、カスティーリャのトレドの宮廷でも、祝祭、夜会、ロマ（ジプシー）の歌や踊りが催されていましたが、宮廷でのこのような催しには多くの場合、イスラム教徒たちも参加していたのです。イスラムの貴族や、大胆な人、勇敢な人たち、力自慢の人などが槍を持って戦ったり、騎馬隊が整列したりする催しです。国同士は戦争状態にあっても、イスラム教徒とキリスト教徒は結構仲良く暮らしていたのです。

長く王位に就いていて、グラナダ王国最大の敵だったアルフォンソ一一世は、アルヘシラスを陥落させたのち念願のジブラルタル包囲に取り掛かりますが、包囲中、流行病のペストにかかり死去したのでしたね。一三五〇年のことでした。それを知ったユースフ一世は、これで敵がいなくなったと喜んだのではなく、

「世界は最も優れた王の一人を失った」

と悲しみに暮れたと言います。殺伐とした話が多い中で、ほっとする一コマです。

しかしご本人は、その四年後、メスキータで祈りを捧げていた時に暴漢に襲われて殺されたのでした。その暴漢がどのような人物だったのか、何のために襲ったのか不明です。まだ三〇代半ば、どう考えても惜しい気がします。

3　ムハンマド五世、最初の王位

この人は、父ユースフ一世が殺されたその日に王位に就きましたが、ユースフ一世と奴隷の女性との間に生まれた長男です。突然に降りてきた王位なので一六歳の少年には荷が重かったでしょうが、二人の男たちの支配のもと、若き王が誕生したのです。

一人は、もうお馴染み、あの難しい名前のアブル・ヌアイム・リドワンです。そういえば伯父

ムハンマド四世も若くして王位に就いてしばらくすると「アブル・ヌアイム・リドワンを側に置く」と決意表明していましたが、ムハンマド五世もその人物を側に置いたのです。元々はキリスト教徒で、幼くして捕虜としてグラナダに連れてこられましたが、高い教育を次々と受ける環境に置かれ、ムハンマド四世王の侍従という最高の地位にまで昇った人でしたね。

もう一人は、詩人で碑銘研究家で知識人であり、ユースフ一世に仕え宰相となったイブン・アル・ハティブです。アルハンブラで有名な詩人は三人いたと書きましたが、その有名な二人目の詩人です。リドワンとともに仕事をしていました。この二人は、家柄ではなく実力でのし上がってきた男たちです。

そのイブン・アル・ハティブは、ムハンマド五世の側近くに仕えながら著作を残していますが、それによると、

「ムハンマドは心の大きな男で、姿が美しく均整が取れ、真面目な信仰を持っている。父を継いだが、それは長子であるという理由だけでなく、正しい判断力を備え、王に適した性質であり、真面目で忍耐強く寛大で良い習慣を持ち、美しく、常に品の良いチュニックに身を包み、感情も深いからである。若い時にすでに王になるための勉強はし尽くしていて、歴史の本を読み、外で体の鍛錬をすることに喜びを見出していた」

何と立派な人なのでしょう。

ムハンマド五世に限らず、この頃のグラナダ王は、北部のキリスト教国と南部のマリーン朝のスルタンたちに常に気を配ってなければなりませんでした。マリーン朝との関係はうまく回っていました。イブン・アル・ハティブを大使として送ると、ハティブはマリーン朝に良い印象を与えたようで、和平を結ぶことができたのです。マリーン朝はこの頃、毎年のようにスルタンが交代しており、ユースフ一世が対峙していたアブー・アルハサン・アリ時代の強さは残っていなかったのです。カスティーリャに対してもムハンマド五世が和平を申し出ると、内戦に力を割いていたペドロ一世は、渡りに船とばかり飛びついてきたのです。グラナダ側の義務として毎年一定の税金を支払うことで合意ができたのでした。

アラゴンとの関係は、アラゴンの船はグラナダの沿岸にも来ていたので、やはり対処せねばならず、カスティーリャとの関係よりは困難でしたが結局は調整が取れたのです。

この時期、カスティーリャは大変でした。ムハンマド五世が王位に就いた一三五四年、カスティーリャでは内戦が起きていたからです。

あの、力強くグラナダ近辺に攻め寄ってきたアルフォンソ一一世は、大変な問題を残したまま、ジブラルタル包囲中に病没してしまいました。次の王位は、当然に王妃マリア・デ・ポルトガルの生んだペドロに来たのですが、アルフォンソ一一世が愛し続けていたのは美しさと頭の良さと振る舞いの的確さを身につけていた、愛人のレオノール・デ・グスマンでした。

王妃マリアの子供は王位に就いたペドロだけでしたが、愛人のレオノール・デ・グスマンは一〇人の子を生んでいます。今、ペドロの一歳年上の異母兄エンリケが王位を狙っているのです。つまり、カスティーリャではアルフォンソ一一世の遺した、王妃の息子ペドロとそれを支持する貴族たち、対、愛人の息子エンリケとそれを支持する貴族たちという内戦が続いていたのです。ですから、時間も軍費もとても対グラナダにはかけられない、そこでペドロ一世は喜んでムハンマド五世と和平を結んだのでした。

さらには、アルフォンソ一一世がペストで亡くなった一三五〇年前後、ヨーロッパ大陸もイベリア半島もペストが襲ったのです。そのため、各国で戦争が一時中断となっていたのです。

余談になりますが、このムハンマド五世が最初の王位に就いていた一三五四年から一三五九までの五年間を見ると、キリスト教国側には「ペドロ」という名の王様が三人もいたのです。まずしばしば登場してくるカスティーリャ王のペドロ一世、そして何とポルトガル王もペドロ一世でした。そのうえ、ポルトガル王ペドロ一世は、カスティーリャ王ペドロ一世の実の叔父という関係でもあったのです。さらにややこしいことには、アラゴンの王様もペドロでこちらは四世でした。

カスティーリャ国内では、ペドロ一世と愛人の子のエンリケがそれぞれの派を作り王位を争っていたのですが、アラゴン王ペドロ四世はエンリケ側についてエンリケを援助していました。その結果、カスティーリャ王ペドロ一世とアラゴン王ペドロ四世は戦争状態にあったのです。ずっと戦い続けているわけではなく、少し戦うと休み、しばらく間があいてまた戦う、という状態で何年も戦争状態が続いていたのですが、ちなみに、この二人の王の戦いのことを「二人のペドロの戦争」と呼んでいます。これは一三七五年にアルマサン条約で終結しています。

このようにカスティーリャやアラゴンがそれぞれ、あるいは互いに戦っていることは、グラナダ王国にとってはとても良いことでした。グラナダのことまで構っていられないのですから、若きムハンマド五世は、対外的なことにそれほど頭を悩ませることなく国内のことに専念できたのです。

４　母の操り人形、イスマイル二世

ところが安心していたのも束の間で、グラナダ王国でも王位を巡る強引な争いが起きてしまったのです。〈大系図〉を見ると、ものすごく近い関係の人たちの争いであるとわかります。

父ユースフ一世にはたくさんの女性がいたのですが、次男イスマイルの母は第二夫人でマリエムという名前のなかなか野心的な女性でした。

夫ユースフが亡くなると長男ムハンマドがその直後に王位につきましたが、このマリエムは、気落ちしたり悲しんだり取り乱したりする前に亡き夫の寝室に入り、突き止めておいた財宝の隠し場所に行き、それをそっくり手にしたのです。

ユースフ一世が、集めた財宝を親族や臣下たちにくすね取られないように自分の寝室に隠していることも、ユースフが常に財産を見張っていることもマリエムは知っていたのです。さらには、その隠し場所も見当をつけていたのです。

単にお金が欲しかったのではありません。自らの生んだ息子イスマイルを王位に就けたかったのです。そのために必要なのは資金でした。

そして、娘アイシャをアブー・サードと結婚させ、ムハンマド五世の退位計画を練ったのです。アブー・サードは後にムハンマド六世となるのですが、王族の一人で、系図を見ると、あのマラガ総督だったファラジュのひ孫に当たります。ムハンマド五世もマリエムの息子のイスマイルもやはりファラジュのひ孫ですから、アブー・サード側にしてみれば「同じ関係ではないか」というところなのです。

クーデターが始まります。アブー・サードに率いられた男たちがアルハンブラを襲撃し、壁をよじ登り、足場を横切って略奪し、殺人を犯したのです。最初の犠牲は侍従のアブル・ヌアイム・リドワンだったと言います。

ムハンマド五世はヘネラリーフェで休息していた時にこの知らせを受け、自派の助けでグアディクスに逃げたのでした。

そして新しい王には、マリエムの望んだ通り、自分の息子が就いたのです。

ムハンマド五世はひとまずグアディクスに逃げましたが、ここで、ムハンマド五世の支持者だけでなく、カスティーリャ王ペドロ一世やマリーン朝のスルタンもムハンマド五世側についていました。ムハンマド五世は、マリーン朝の助けを頼ります。この時のスルタンはアブー・サリムという人物で、かつてこの人も自分の王位争いで混乱している時に、グラナダに避難していたことがあります。喜んでムハンマド五世に援助を申し出て、丁重にマリーン朝に迎え入れます。

アブー・サリムは、高価な馬に乗り宮廷人をたくさん引き連れて、ムハンマド五世がグラナダ王であった時と同じ装いで迎えてくれたのです。ムハンマドは王位を奪われているとはいえ、大切な客人でした。歓迎のレセプションも続きます。そしてアブー・サリムは、二つの軍隊をムハンマドに貸したのです。一つはスルタンのアブー・サリム隊、もう一つはグラナダに暮らしている自分の弟の軍隊でした。

アルハンブラでは、マリエムの息子イスマイル二世が王位に就いていましたが、二つの軍隊を率いたムハンマド五世がアルヘシラス近くに到着したと聞くと、大きな恐怖を覚えます。

しかし、この時は天がイスマイルに味方をしました。アブー・サリムはフェズにいたのですが、反スルタン派の陰謀者たちに襲われ、土牢に閉じ込められたのです。それを知ったマリーン朝の軍隊は、それぞれ引き上げてしまったのです。

この時のムハンマド五世の逃亡には、詩人のイブン・アル・ハティブと、三人目の詩人であるイブン・サムラックが同行しています。二人とも碑銘研究家であり、かつすでに政府の高官になっていました。

イスマイル二世はさぞほっとしたことでしょう。イスマイルは王位に就いた時二〇歳で、若く体格も良いのですが、小心で臆病で、女々しく柔弱だったのです。強い母と、義兄で野心家のアブー・サードと、グラナダ王である異母兄ムハンマド五世との間でとても保護され、お酒を飲んで生活を楽しんで人生を過ごしてきたのです。グラナダ王になったといっても、ほとんど野心家アブー・サードと強い母マリエムの操り人形王でした。

実際には、義兄アブー・サードが影の支配者であり専制君主だったのです。イスマイル二世の治世はわずか一〇か月でした。反対派の人々は徒歩や騎馬でアルハンブラを囲い、イスマイルを土牢に入れるために連れ出しましたが、道の途中で、土牢に到着する前にイスマイルは死去しました。

5　赤毛王、ムハンマド六世

アブー・サードは、この柔弱な義弟イスマイルを王位に就けるために、策を練ったり危険な行動に出たわけではありません。一旦、何でも言うことを聞く弱いイスマイルを王に据えて、少し後には自分が取って代わるつもりでした。早速実行に移します。

平たく言えば、この人もクーデターにより王位に就いたのです。

アブー・サードはムハンマド六世となってから、自分が頂点に立つのに助けてくれた人たちに金銭や地位を与えました。そして専制君主的な統治を行なったのです。残酷な性格であり、無理な要求を出し、民衆を自分のもののように扱ったのです。しかも移り気でした。多額の税金も要求してきました。赤毛王と呼ばれているので、多分赤毛だったのでしょう。

ムハンマド六世はアルハンブラ宮殿に入りましたが、曽祖父はマラガの統治者だったので、マラガはまさに自分の町であり、そこにあるヒブラルファロ城は兼ねてより自分の居城の一つのようなものでした。しかし、特にマラガの民衆はこのムハンマド六世という人物に疑問を感じていたのです。グラナダ王国の人々の気持ちは、ムハンマド五世に向いていきました。

王位に就いた翌一三六一年、何ということか、マラガの町は「自分たちの王はムハンマド六世ではなく、先代のムハンマド五世である」と宣言をします。そしてマラガのヒブラルファロ城の「忠誠の塔」にムハンマド五世を招いたのです。

ムハンマド五世の勢力が近くに迫っていることを知ったムハンマド六世は、考えた挙句、カスティーリャ王ペドロ一世に助力を頼もうと、ペドロ王のいるセビーリャに向かいます。騎兵三〇〇人、歩兵二〇〇人、宝石、ダイヤモンド、エメラルドなどの多くのお土産を持って、会見を申し込んだのです。「自分の王位を確実にするために助力をいただきたい」と。

しかしペドロ一世は冷静に、自分の立場とも照らし合わせて考えたのです。

「今、我がカスティーリャでは、異母兄エンリケが王位を主張している。しかし兄は非嫡であって、兄に正義はない。正義のないことを許すなどとは、国として認められない」

目の前にいるムハンマド六世は、正しくないことで王位を奪いました。ペドロからみれば、グラナダ王国の正しい王は自分が助けたムハンマド五世なのです。ムハンマド六世はここで捕らえられます。一三六二年のことでした。

6　再びムハンマド五世

時をさかのぼって、ムハンマド五世が退位させられた一三五九年に戻ってみると。

まずマリーン朝が援助してくれましたが、スルタン、アブー・サリムが失脚しマリーン朝はその軍隊を引き上げましたね。すると今度はカスティーリャ王ペドロ一世がムハンマド五世に救いの手を延べ、そこでムハンマド五世はロンダに行き、ここに宮廷を作ったのです。

ムハンマド五世とペドロ一世とは実は助け合っていました。ムハンマド五世は、カスティーリャとアラゴンの戦いでカスティーリャのペドロ一世を援助しましたし、ペドロと異母兄のエンリケとの戦いでもやはりペドロを助けたのです。

グラナダにもムハンマド五世派の人物はとどまっていて、グラナダとロンダの間は、飼い慣らされた伝書鳩が頻繁に飛んでいたのです。それでロンダにいるムハンマド五世は首都グラナダの様子を逐一知ることができていたのです。

ところで、カスティーリャ宮廷には、グラナダのユダヤ人医者アベン・サルサルがペドロ一世王の要請で来ていました。この人は、医者であり占星術師でもあり、かなり著名でした。カスティーリャ王ペドロ一世は元々不安症で、幼い頃より父王アルフォンソ一一世に疎まれ、母マリアとともにセビーリャの城でひっそりと暮らすことを余儀なくされており、そういう不安症を抱えたまま大人になり王になっていったのです。ユダヤ人医師アベン・サルサルは王の病気を治し、併せて王妃の病気も治したといいます。そして、短い間に高い地位を与えられました。その医師のアベンがペドロ一世に、ムハンマド五世がいかに良き王であるかを話し、推薦していたのです。

ペドロ一世はグラナダ王国から医者を呼んでいるように、イスラムの衣服や食事や風習や、さらにはイスラム建築を好んでいたと言われています。そんなことから、ペドロ一世がセビーリャに建設した王宮は相当にイスラム風のものになっています。イスラム風の宮殿に住み、イスラム風の暮らしもしてみたかったのかもしれません。

「先のグラナダ王、ムハンマド五世が困っているとのこと。お助けしよう」

ペドロ一世は多くの騎兵や歩兵を用意し、戦闘用の機械や弓矢や石や砲を積む荷車が一五〇〇台も列をなして続いていたといいます。さらにペドロ隊は、サンティアゴ騎士団長、カラトラバ騎士団長、アルカンタラ騎士団長も加わり、六〇〇〇〇人以上の兵だったのです。

この時突然カスティーリャ軍は、不可能に見えていたグラナダ征服が目の前に来ていることに気がついたのです。

「この際、一気に……」

などとペドロ一世が思ったとしても、不思議はない状況でした。

ペドロ一世は、こんな大々的な軍隊を率いて、マラガとアルヘシラスの中間あたりのカサレス近くの前線にいたムハンマド五世と合流し、アンテケーラに近づくのですが、その後方向をアルチドナとロハにし、野を荒らし、殺戮もし、グラナダ沃野まで近づいて行きました。これを知ったムハンマド六世は「こんな大軍が来たのではたまらない」とアルハンブラを逃げ出し、六世の側に仕えるグラナダ人たちもアルハンブラを後にしたのです。

ところが、ここで驚くことが起きました。ムハンマド五世にしてみれば、かつての臣下たちや義理の兄弟たちと戦うのです。これは悲しいことでした。二つの思いがムハンマド五世の中で戦っていたのです。

「ムハンマド六世を許すことはできない、しかし、自分たちが努力をし何代もかかって作り上げたこの肥沃な土地が戦闘で荒れ果てていくのを見るのは辛い」と。

そして今度はムハンマド五世がペドロ一世に、撤退して欲しいと頼んだのです。ムハンマド五世は、王位には復位したいのですが、こんなに急激にではなくもっと時間をかけても良いと思っていたのです。

驚いたのはペドロ一世で、

「助けを求めたのはムハンマド五世なのに、今になって戻って欲しいとはどういうことだ？」

そしてムハンマド五世は出発したロンダに戻り、ペドロ一世もセビーリャに戻ったのです。


アルハンブラを逃げ出したムハンマド六世がお土産をたくさん持ってセビーリャのペドロ一世を訪ねたのは、まさにこの時でした。そしてペドロ一世に捕らえられ命を落としたのでした。


ムハンマド六世が死んだことを知り、ムハンマド五世は驚きますが、一三六二年、二度目の王位に就きました。そしてこの二度目のムハンマド五世時代は、二九年も続いたのです。

王位を追われていたのは三年間でした。今度こそムハンマド五世は望まれて王位に就いたのです。略奪したりされたりの世界ではないのです。堂々と安全に王位に就いたのです。二度目の王位ですが、名前は「ムハンマド七世」となるのではなく、昔のままの「ムハンマド五世」です。この先、グラナダ王国が不安定になると二度、三度と王位に就く人物が登場しますが、名前は最初に王位に就いた時と同じです。もしその都度名前や数字まで変わっていたらどうしようと、今更、この文章を書きながら思っているところです。

さて、二度目の王位はどうだったのでしょう。とにかくカスティーリャ王ペドロ一世には感謝ですね。ペドロ一世は、その本心では「あわよくば、我が軍隊をそのままグラナダの町に投入して……」などと思っていたかもしれませんが、立派に準備したペドロ隊が応援に来てくれたからこそ、略奪者ムハンマド六世は逃げ出したのです。

そのペドロ一世王の大使が、ムハンマド五世が復位してわずか二日目にアルハンブラに訪ねてきました。アルハンブラ宮殿の一番素晴らしい部屋、「大使の間」に通します。土産の箱を持ってきたのですが、それにはムハンマド六世の首が入っていました。

六世とは敵だったとはいえ、義兄弟の間柄でもあるのです。グッと気持ちを抑えて、こちらからの感謝の贈り物をしています。二五頭のアラブ自慢の馬が贈られました。装飾を施された鞍や鐙《あぶみ》が一頭一頭に付けられ、鞍の下には豪華に刺繍された布が掛けられていたことでしょう。それから、柄には金や真珠が埋め込まれ、高価な絹で飾られた三日月刀も贈り物でした。大使はそれらを持ってセビーリャに帰っていったのです。

一三六六年になると、カスティーリャの内戦は激しくなりました。もちろん、王であるペドロ一世軍と異母兄エンリケ軍の争いです。この時、エンリケ軍はフランスの傭兵部隊の助けを受けることに成功し、フランス傭兵部隊はピレネーを超えて力を示したのです。それが功を奏し、エンリケは一三六六年三月にカスティーリャ王を宣言しました。

驚いたのはグラナダのムハンマド五世で、「エンリケ王の臣下である」などとこちらも宣言をしてしまうのですが、またペドロ王が主導権を握ったと知るや、「ペドロ王の臣下であった」などと言うのです。

この異母兄弟同士がカスティーリャで戦っている間にムハンマド五世は、「ペドロ王の恩義に報いるため」と称して、かつてエンリケ側に付いたハエン、ウベダ、コルドバなどの町を攻撃します。そして、カスティーリャで兄弟が争っている間に取れるところは取っておこうと、その領土を奪っていたのです。

一三六九年、兄弟の争いに決着がつきました。モンティエルという場所で、兄弟が直接に剣で戦ったとされています。勝利はエンリケとなったのです。どちらが正当かではなく、どちらが強いかで勝敗は決まったのです。カスティーリャ王エンリケ二世の誕生でした。

また、二度目の王位の時は詩人イブン・アル・ハティブは側を去り、イブン・サムラックは王の私設秘書となり第一大臣となっています。

カスティーリャは疲弊していました。ふと見ると、あれほど皆が欲しがり、重要な港と承知していたアルヘシラスの守備が手薄になっていたのです。

一三六九年、この機に乗じてグラナダ王国はアルヘシラスを奪回します。一三四四年にアルフォンソ一一世が陥落させてから二五年が経っていました。ようやく、グラナダ王国のものになったのです。

このアルヘシラス奪回を記念してムハンマド五世が創り上げたのが、アルハンブラ宮殿のコマレス宮でした。その一部は以前からもありましたが、この記念により、立派な壁面である「コマレス宮のファサード」(口絵参照)が出来上がったのです。

アルヘシラスから勝利を祝いながらグラナダに戻ると、カラトラバ騎士団長がカスティーリャ王エンリケ二世の使いとして来たのです。

「互いの前線を平和なものにしよう」

という提案でした。

カスティーリャには、もう戦う余力は残っていませんでした。それにエンリケ二世は、自分の側に付いた貴族たちに、報酬として領土や爵位を分け与えねばなりません。少し間違えば自分の王位もひっくり返されるかもしれないのです。グラナダと戦うのは危険でした。そうそう、エンリケ二世は「恩寵王」と呼ばれ、何か神の恩寵とか素晴らしいことをしたような感じを受けるのですが、エンリケの「恩寵」とは、身の安全のためにひたすら領土や爵位をばら撒いたことでした。

ムハンマド五世も、この「前線を平和に」という提案には大賛成でした。戦いをなくして、その時間やお金で良き国を作りたかったからです。こうして両者で結ばれた休戦協定は、通常より長い八年間となったのです。

対外的な出来事といえば、一三七四年にジブラルタルがナスル朝に戻ってきます。マリーン朝はもうイベリア半島から手を引いていたからです。翌年には、ムハンマド五世はグラナダ王立病院を建設しています。

一三七九年になると、手に入れたアルヘシラスの町を自ら破壊しています。保持するには大変すぎ、かといって他者に渡すわけにもいかないと町を破壊したのです。残念ですね。

一三八五年には、ポルトガル王ジョアン一世とカスティーリャ王ファン一世がポルトガル王位を争ったアルフバロッタの戦いがあり、ポルトガルが勝利しました。もうカスティーリャ王はエンリケ二世の息子のファン一世に移っていましたが、グラナダ王は相変わらずムハンマド五世でした。そして、ムハンマド五世が亡くなった一三九一年には、そのファン一世も亡く、カスティーリャ王はエンリケ三世になっていたのです。

ムハンマド五世は前王の長男というだけでなく、正しい判断力を持ち、真面目で忍耐強く、寛大で、良い生活習慣を持っていたようです。彼と知り合いになった人は皆ムハンマドの虜になったとされています。

二度目の王位に就くと、産業も推し進めました。例えば、一〇〇〇以上の織物機による絹織物の生産、アルプハラの毛織物、その他、タペストリーや金銀細工や武器を生産し、鉱山や鉱脈の開発、農業を促進し、特に製糖業に力を入れています。もちろん、芸術や科学や詩を重要なものとしているのは、それまでの王たちと同じです。守備も気になり、城壁や城塞の修復もしています。カスティーリャの内戦が終了し、エンリケ二世と休戦協定をすると、平和な時代がグラナダにも到来していました。そろそろ息子ユースフも次期王位継承者としての宣誓をしても良い時期になっていました。息子ユースフはフェズの王女との結婚が決まっていました。その祝宴もせねばなりません。

祝宴には、グラナダの人だけでなく、アフリカ、エジプト、フランスから大勢の人が集まってきました。キリスト教徒もイスラムもユダヤ人も集まりました。祝宴では、皆の大好きな槍試合も催されました。思い思いにおしゃれをし、晴れ着を着て集まっていたのです。

宗教も人種も関係なく、楽しい日にはそれぞれが思い切り楽しく過ごしています。キリスト教徒もイスラム教徒も、晴れの日には、互いに仲良く遊んで暮らしていたのです。そんな、ムハンマド五世の時代でした。

このところ、殺されて生涯を閉じた王が続きましたが、このムハンマド五世はベッドで死去しています。久しぶりのことでした。良き最期を迎えることができたのです。

◆アルハンブラ宮殿（4）　コマレス宮◆

ユースフ一世と息子のムハンマド五世の時代がグラナダが一番輝いた時であり、この二人の王様は、宮殿に関し実に多くの仕事をしました。ここでは彼らが建設した「コマレス宮」について見ていきます。以前にイスマイル一世がこの場所に建設した建物があったかもしれませんが、これを取り壊して、新たにコマレス宮の建設に入ったのでしょう。

最も権威あるのは「大使の間（111）」（口絵参照）です。

宮殿中で最も大きいのがこの部屋で、「コマレスの塔」の中に位置していて、「王座の間」とも「コマレスの間」とも呼ばれています。完全な立方体とされていて、西、北、東に向いた壁にはそれぞれ三つの窓があり、北側の中央の窓にあたる壁龕《へきがん》（壁の窪み）に玉座が置かれていたと考えられます。

訪問者である大使たちは、前室である「バルカの間（110）」の入口に立った時から、玉座に座るグラナダ王の姿が、その後ろからの光線によりシルエットのように見えました。たとえグラナダ王から直々に言葉があったとしても、その姿は光の中のコントラストとして感じ取っただけだったのです。

ここは、その権力を象徴する中核でした。

この部屋には、「彼だけが権力を持てる、栄光であり永遠である」という、建設者であるユースフ一世と神を称える言葉が部屋を巡っています。また、「アッラーのみが勝利者である」という標語が壁に繰り返し表れているのです。

　中心に位置しているのは「アラヤネスの中庭（109）」（口絵参照）です。図で小さな四角が並んでいるのは柱廊です。

「アラヤネスの中庭」の「北柱廊」「バルカの間」「大使の間」を含む「コマレスの塔」及び「王の浴場（112）」はユースフ一世が建設し、その他はムハンマド五世による建設です。「南柱廊」は、ユースフ一世時代には外に開かれた広場でしたが、ムハンマド五世が柱廊を建築したことにより南側が閉じられました。この柱廊の屋根の上には中庭側に窓を持つ横長の部屋があり、「ライオンの中庭（115）」（口絵参照）の階上と連絡していて、この横長の部屋は家族の女性の居住空間となっていました。

「アラヤネスの中庭」の両側の壁には五つの入口があって他の部屋に続いているのですが、このような部屋で当時の官吏たちは仕事をしていたのです。

王の浴場（©スペイン政府観光局）

「北柱廊」には「お前は剣の力をもってアルヘシラスを征服した」とイブン・サムラックの詩が書かれていて、ムハンマド五世を讃えているといえます。

ところで、「メスアール宮」と「コマレス宮」の境界はどこなのでしょう。〈図4〉を見ると、当然に縦の線で区切った所だと思われますが、実際は少し違うのです。

メスアール宮には「メスアールの中庭(107)」がありましたが、この中庭の南に、ムハンマド五世は「コマレス宮のファサード」〈口絵参照〉を建設しました。一三六九年のアルヘシラス征服を記念して、立派な壁面、ファサードを建設したのです。このファサードには扉が二つあり、この図で右側の扉はコマレス宮の「アラヤネスの中庭」に、左側の扉は外部に繋がっているのです。

ですから、このファサードからは「コマレス宮」だと、ムハンマド五世は思っていたのでしょう。メスアール宮とコマレス宮の境界をはっきりさせるためのファサードだったと言われています。

アルヘシラスは、父ユースフ一世の時に失ったところですが、ここを取り戻したことによって、ジブラルタル海峡の通行が回復されました。ですから、この「コマレス宮のファサード」には、ムハンマド五世の自信と思い入れが詰まっているのです。

また、「王の浴場」は場所からすると「ライオン宮」にあるように見えますが、ここはコマレス宮の一部なのです。「コマレス宮の浴場」とも呼ばれていて、ユースフ一世の時に造られました。

ユースフ一世は、コマレス宮以外にも建設をしています。いくつかの門と塔です。グラナダを完全な防衛の町として設計するためには、門と塔が重要となるからです。ユースフ一世が建設したとされる門と塔を挙げておきます。

「裁きの門㉝」　碑文によれば一三四八年に造られました。重要な四つの門の一つで、我々も普通はここから入って見学することになります。「門」と呼んでいますが、同時に塔であり、市民の生活にも軍事目的にも使われました。城壁と直角に交わっていてとても深く、その装飾からするとセレモニーが行なわれたのではないかと言われています。内部には、二ヵ所に曲がり角があり、それぞれ異なるタイプの丸天井が備えられています。門といってもかなり複雑で、市民のためでもあり軍事のためでもあるのでしょう。アービングの『アルハンブラ物語』では、ここで小規模の裁判が行なわれた、とされています。

「七層の塔・門㉖」　半円形の大きな要塞が出口となっていて、塔の高さは二二メートルもあり、門の中で一番大きなものです。グラナダ王

七層の塔・門

国最後の王ボアブディルが、グラナダから去る時に通った門でした。

「カディの塔⑱」　ヘネラリーフェを向いています。一六世紀には「捕虜の塔」と呼ばれ、一八世紀には「キツネの通り道」と呼ばれていたようです。

囚われ人の塔

「囚われ人の塔⑲」　やがてムレイ・ハセン王が愛人のイサベル・デ・ソリスを住まわせたためにこう呼ばれています。

「ケブラーダの塔⑦」　アルカサーバにありますが、「割れた」という意味で、ユースフ一世の建設後にヒビが入った頃につけられた名前なのでしょう。

「ベルメハスの塔㊺」　これは宮殿の外にあります。アルハンブラの南側地域と隣接するユダヤ人地区の警備を補う役目のものでしたが、一三世紀にそれまであった塔の土台の上に再建され、一四世紀のムハンマド五世の時代になってアルハンブラと繋げられたものです。以前、この塔にはアル・マフルクが幽閉されてあれこれ人々を扇動していましたが（第3章）、この時にはまだアルハンブラとは繋がっていなかったのです。

また、アービングの『アルハンブラ物語』では、初めてアルハンブラを訪れた日に「われわれの頭上、左手に突き出るようにアルハンブラの塔が姿を現した。これがアルハンブラ宮殿なのだ」と深く感動したのが、この「ベルメハスの塔」でした。

ユースフ一世は、結構戦いに負けています。父イスマイル一世は歴史に残る「グラナダ沃野の大惨事」で大勝利をおさめましたが、息子ユースフ一世は、これも歴史に残る「サラードの戦い」でキリスト教軍に負け、アルカラ・ラ・レアルも失い住民たちは近くのモクリンに移され、さらに大事な港町アルヘシラスも失い、ジブラルタルも包囲されて危なかったのですが、カスティーリャ軍を率いるアルフォンソ一一世がペストで死去したことでこの町は辛うじて守られました。

しかし、ユースフ一世は、グラナダを美しくしたいというのが常に一番の望みだったのです。もちろん、町は武器によって守る必要がありますが、それは将官オスミンに任せることにしたのでした。

[詩人たち]

ところで、アルハンブラに暮らす王たちには、三人の詩人の碑銘研究家が登場します。

前にも書きましたが、少し付け加えてまとめておきます。

まず、イブン・アル・ジャイヤーブです。第2章で登場しました。マラガで勉学した以外はグラナダを離れておらず、二〇歳で王室書記局に入り、文学と詩も勉学しています。ムハンマド二世からユースフ一世まで六人もの王に仕え、七五歳で死去しました。

イスマイル一世はこの人を秘書とし、この時代にヘネラリーフェに詩を残しています。ユースフ一世の時代には「囚われ人の塔」に、そして「アラヤネスの中庭」から「バルカの間」にも詩を残しています。ユースフ一世に仕えたときは、秘書官と第一大臣とを兼職していました。

次は、イブン・アル・ハティブで、イブン・アル・ジャイヤーブを師としていました。ジャイヤーブより四〇歳くらい年下になります。詩の巨人と言われ、ジャイヤーブの死後、その後を継いで高等法院の院長にもなっています。生涯に著作も六〇篇ほど残しており、薬学、衛生学、旅、歴史など幅広く知識を有していました。

ユースフ一世やムハンマド五世の信頼を得て、王の大使としてモロッコにも行っていますし、宰相にもなっています。コマレス宮の「大使の間」の作り付けの戸棚やコマレス宮の「二姉妹の間」にはイブン・アル・ハティブの詩が書かれているといいます。

最後、三人目はイブン・サムラックで、イブン・アル・ハティブより二〇歳ほど年下です。ユースフ一世の創建したイスラム高等教育機関であるマドラサで学んでいたところ、イブン・アル・ハティブが彼の能力を見抜いて、王家高等法院での仕事を任せました。ムハンマド五世が王位を追われた時も王の側にいて、グアディクスにもモロッコにも一緒に行っています。復位後は私設秘書となり、のちに第一大臣となっています。コマレス宮のファサードにはイブン・サムラックの詩があるといいます。

アルハンブラ宮殿には、あちらこちらにアラビア語が書かれていて、一体何が書かれているのだろう、アッラーの神への賛辞だろうかなどと思っていましたが、彼ら碑銘研究家の手になるものだったのですね。アルハンブラの素晴らしさは、彼ら碑銘研究家の優れた芸術によるところが大きく、そして彼らの残した碑文を見ると、「この王は、この宮殿の建設に関係した」とわかるのです。

第5章　衰退の兆し

ユースフ二世
　あっという間に毒殺される
ムハンマド七世
　兄をサロブレーニャに
ユースフ三世
　平和がよい、チェスもよい
　カスティーリャには貢納金を

ユースフ一世、ムハンマド五世の父子の時代が過ぎると、もうグラナダ王国は衰退期となっていきます。ムハンマド五世の治世の時に、王も民衆も楽しんでおいてよかったですね。

1　ムハンマド五世を継いだユースフ二世、短かった統治期間

ユースフ二世の宣誓式は、さすがムハンマド五世の長男、ユースフ一世の孫という感じでした。アルハンブラ宮殿には高位の貴族たちが集まり、壮麗な王の部屋で新王が来るのを待っていると、新王は豪華絢爛な衣装で紫色のマントを身につけて現れたのです。皆が神妙な気持ちで少し緊張していたところ、新王は床に敷かれている四つの旗の上で、四つの方角に向かって礼をし、東に向かっては少し時間をかけて礼をし、そしてコーランの祈りを朗唱しました。次いで誓いの言葉です。

「以後、律法と王国と臣下を守る」

この厳かな宣誓が終わると、重鎮の一人が前に出て跪《ひざまず》き、大地にキスをするのです。これは服従の証でした。続いて軍隊の長たちが大声で「神は我々の王を讃えたもう」と述べるのでした。

それから表に出て立派な馬に乗り、護衛隊に導かれ、臣下や貴族たちに囲まれグラナダの道を歩くのです。誰もが新王ユースフ二世が父ほど優れていないことは知っていましたが、ユースフ二世が新しく王位に就き、ひとまず我がグラナダ王国は安泰と安心したのです。

この人は、芸術や科学を愛する平和的な人物でした。そして父の時代と同じように、カスティーリャと休戦したいと思っていたのです。王位に就いてしばらくの間はキリスト教側の王たちに、「休戦を」という手紙を書きました。これは父の考えを踏襲したといえますが、その強い意志を示すために普通でない贈り物を王たちにしたのです。

グラナダの地下牢にはハエン前線の郷士たちが捕われていたのですが、彼らをカスティーリャに送り返しました。次に、馬小屋にいる馬の中から六頭の素晴らしい馬に馬具一式をつけて、さらに馬体を覆う高価な布をつけて贈りました。これはキリスト教徒の王たちが熱望していたものでした。カスティーリャ王はエンリケ三世になっていましたが、エンリケ王はことのほか喜び、休戦に応じたのです。

ところが、王にとっての問題は宮廷の中にありました。次男のムハンマドが何とも元気が良く、体も大きく野心的で、誰もこの次男ムハンマドに反対できず、ユースフ二世でさえ、次男のムハンマドに逆らったり押さえたりするのは難しかったのです。

ユースフ二世は、次男の反乱をマリーン朝の大使の仲介でやっと鎮圧できたのですが、マリーン朝は、

「力を貸したのだから、貴国は、カスティーリャ王国との休戦を破る義務があるのです」

と迫ってきました。つまり、カスティーリャ王国と戦うように、とのことなのです。

マリーン朝に助けてもらったのですから、これには従わざるを得ません。いやいやながらムルシアへの侵入を開始したのです。そしてその後、

「あれは世論に対抗できなかったためであり、本心からではない」

と密かにカスティーリャに謝罪したと言われています。

どうも、あまり自分の意志も、王としてこうすべきだというしっかりした考えも持っていなかったようなのですが、それでも、王位に就いた年には残酷なこともしています。

ユースフ二世には弟が三人いました。名前もわかっていて、サード、ムハンマド、ナスルでした。統治はハリドという名前の高官任せだったのですが、王としてこの三人の弟たちが気になるのです。

「弟たちは、いずれ自分の王位を奪いに来るのではないか」

と不安なのです。そのため、ハリドに命じてこの三人を幽閉し、次いで殺害を命じたのでした。ちなみに、ユースフ二世に三人の弟がいたことは、第8章にもチラリと出てきます。少しだけ覚えておいてください。

王位に就いて二年足らずで亡くなるのですが、マリーン朝から贈られた着物の中に毒が入れられており、それにより毒殺されたと言われています。

２　次は次男のムハンマド七世

ユースフ二世には、次男ムハンマドを含む四人の息子がいました。
長男ユースフ　ユースフ三世になります。優しく慎み深く慎重でした。
次男ムハンマド　ムハンマド七世となりますが、父に反乱しています。
アリ　サード王の父。
アフマド　ユースフ五世の父。

この次男のムハンマドが元気が良く体も大きく野心的で、早く王位に就きたいのです。そのための言い訳を探しました。

「父ユースフは宗教で皆を裏切っている。父はキリスト教徒の王たちと友人である。それに父の宮廷にはキリスト教徒が多すぎる。実際のところ、イスラム教徒よりキリスト教徒を大切にしている」

この噂は広がり、「ユースフ二世王は心の中はキリスト教徒なのだ」「その証拠に、カスティーリャ人を優遇している」となっていったのです。

噂はグラナダ中を巡り、最初はイスラム法学者や不寛容な偏狭者たちが次男ムハンマドの元に集まりましたが、やがては、今の政治に不満な人たちも集まってきました。そして、その声はだんだん大きくなり、ユースフ二世を退位させて次男ムハンマドが王位に就くべきという方向に進んでいったのです。

ちょうどそんな折、父ユースフ二世にマリーン朝から問題の着物が贈られてきたのでした。

ユースフ二世王が亡くなると、次の王位は長男のユースフに渡ると誰もが思ったのですが、次男のムハンマドが無理矢理王位を自分のものにしてしまいました。

長男のユースフは善人であり詩人であり、父が急逝するとその死を悼み、悲しくて泣くのが止まらなかったのです。野心的な弟ムハンマドは、兄が泣いている間にムハンマドを推す権力者グループの助力を得て、王位に就くための手続きや宣誓のための準備を進めて、王位に就いてしまったのでした。もともと夢見る人だった兄ユースフは、誰のことも悪く思わず、弟のことも全く悪くは思っていなかったのです。

こうして王位に就いたムハンマド七世でしたが、それでも兄の存在は目障りで、サロブレーニャの城に兄を移すのですが、サロブレーニャなら常にコントロールすることができ、しかも中央の権力からは遠ざけることができるからです。

サロブレーニャとはフェニキア時代からある古い町で、この時代でもグラナダ沿岸に位置する商業的に重要な港の一つでした。グラナダの王たちはこの町に庭園のある宮殿を建設しました。そこは彼らにとって休息の場所で、多くの財宝が置かれることもあったのですが、同時に、高貴な人たちのための刑務所でもあったのです。

サロブレーニャでのユースフの暮らしはかなり自由でした。妻や子を持つことも、好きな詩の会を開くこともできました。詩人の友人たちと美味しいものを食べ、夕暮れ時を楽しみ、甘い酒を飲み交わし、また、宴会や音楽を楽しむこともできたのです。そしてユースフ自身、政治から離れてこのような趣味に生きる生活に満足していました。

ムハンマド七世が暴力的に王位に就いたのは一三九二年です。ここからちょうど一〇〇年後の一四九二年に、グラナダ王国は消滅するのです。この一〇〇年を長いというか短いというか。ところでそのムハンマド七世ですが、彼は父を恐れさせたように、背が高く姿が良く才能に溢れ社会性もあり野心的だったのです。王位に就いてふとカスティーリャをみると、エンリケ三世王はまだ一三歳の少年であり、「これはちょうど良い」とばかりに、カスティーリャとの前線のあちこち、ハエンやルセナやバエサなどで小競り合いを続けます。

病弱だったエンリケ三世が亡くなると、カスティーリャ王はその息子フアン二世となるのですが、こちらは何とまだ一歳の赤ん坊でした。カスティーリャ王国で実権を握っていたのは、エンリケ三世の弟のフェルナンド・デ・アンテケーラでした。こちらはもう立派な大人です。

この人が中心となって、キリスト教国側は一四〇六年、コレハレスの戦いに勝利し、さらに一四〇七年には、ナスル朝の重要な要塞の町サアラを奪ったのです。フェルナンド・デ・アンテケーラの軍隊は、数で勝っている上に武器の装備も多種類で新しかったのです。カスティーリャ軍が常に勝っていたわけではないのですが、結果的にはグラナダ軍の敗北だったのです。

グラナダ王国とカスティーリャとは、不思議なことに常に敵であり協定者でもあるのですが、カスティーリャ王はムハンマド七世がグラナダで民衆から望まれていないことを知っており、そのような王と和平協定を結ぶことを恐れていたのです。

活気に溢れ頼もしかったムハンマド七世ですが、コレハレスで敗北し、サアラを取られ、一四〇八年に亡くなります。ペストだったと言われています。

ムハンマド七世の最後の命令は、

「サロブレーニャに行って、兄ユースフを殺せ」

というものでした。

3　サロブレーニャの牢から蘇った、ユースフ三世

しかし兄ユースフは殺されることはなく、ユースフ三世として王位に就くのです。

ユースフ三世は、弟ムハンマド七世が王位に就いていた間中、刑務所ともいえるサロブレーニャの城で、政治から離れて趣味の範囲ではありますが、かなり自由に暮らしていました。それはム

ハンマド七世の在位の間、一六年間も続いたのです。

この人は詩人と言われているだけでなく、かなり趣味人で、チェスの愛好家でもありました。チェスは紀元前からあるゲームで、この一五世紀にグラナダ王国でも流行っていたのです。

チェスとユースフ三世に関して、こんな逸話が残っています。

グラナダの宮廷ではムハンマド七世が病を得て、自分は長くはないと悟りました。ムハンマドは、王位を兄のユースフにではなく、ユースフの子どもに譲ろうと考えたのです。そして臣下に、

「サロブレーニャに行って兄ユースフの命を取るように。次の王はユースフの長男にするように」

と命じました。

臣下がその命令通りサロブレーニャに駆けつけると、ユースフはチェスを戦っている最中でした。

「ムハンマド王のご命令です、お命を頂かねばなりません」

と伝えると、ユースフにもその覚悟はできていたのでしょう。驚くことも恐怖に打ち震えることもなく、

「その命令は、このチェスの試合が終わってからにしてほしい」

と言うのです。最後の望みとなるものなので、ユースフの願いは聞き届けられました。そして、チェスの試合が終わるのを待っていると、その間にムハンマド七世は亡くなったという知らせが届いたのです。

グラナダから、反ムハンマド七世派の貴族たちがユースフを助け出すために、サロブレーニャ

に集まってきました。そして、ユースフは殺害される代わりに、ユースフ三世として王位に就いたのです。真偽の程はよくわかりませんが、こうだったとしても不思議はないのです。

実際にサロブレーニャに行ってユースフ三世を助け出したのはアベンセラーへ家の人物でした。グラナダ王国では、有力貴族のアベンセラーへ家、ベネガス家、セグリ家などが、王家の行動を左右する程に力を持ってきていたのです。

サロブレーニャでの暮らしは快適だったともされていますが、三二歳で解放されると悲しみで溢れた多くの詩を携えて城から出てきたのです。父の死からなかなか立ち直れませんでしたが、この人の父ユースフ二世への想いは相当に強く、その詩はほとんどが亡き父への敬愛を表すものであり、自分の運命に対する悲しみや嘆きでした。また、グラナダやアルハンブラ、丘や宮殿、ヘネラリーフェ、子供の頃や青春時代を過ごした野を懐かしんでいる、そういう詩もあったと言います。優しく繊細な人物だったのでしょう。

グラナダの人たちはこの詩人王ユースフ三世が大好きでした。グラナダでは、貴族たちは正装をしてユースフ三世を迎え祝宴や夜会も盛大に行なわれ、そして数十年前のムハンマド五世の時代のようにグラナダの繁栄を望んだのです。ユースフを迎えるために勝利のアーチを作り、エルビラ通りに人は溢れていたのです。

ユースフ三世が王位について最初にしたことは、キリスト教国と戦うことではなく、キリスト教国との休戦でした。ユースフ三世にはカスティーリャ人の友人がいました。アルカラ市長のアロンソ・フェルナンデス・デ・コルドバで、この人がカスティーリャとの仲介をしました。

大変な出来事もありました。一四〇七年にサアラを取ったカスティーリャのフェルナンド・デ・アンテケーラは、一四〇八年にはアヤモンテも取り、さらにチュニスとトレムセンでも勝利したのです。そして一四一〇年には、重要な町アンテケーラを取ったのです。グラナダ王国は、アンテケーラで五か月間激しい抵抗をしましたが、結局は陥落しました。このようなカスティーリャの大勝利は、一三四〇年のサラードの戦い以来のことで、それでこのフェルナンドは「フェルナンド・デ・アンテケーラ」と呼ばれているのです。

アンテケーラの町は、グラナダとセビーリャを結ぶ道路と、マラガとコルドバを結ぶ道路の交差するあたりにあります。ここを取られたということはグラナダ王国にとって、精神的にも現実的にも大打撃だったのです。

弟ムハンマド七世と兄ユースフ三世、兄弟ではありますが、それぞれ党派が異なっていました。そのことが政策の違いとなっていたのです。

弟ムハンマド七世の周りには、野心的で活発な貴族たちや、厳格主義の法学者たちがいました。「やるべきことはキリスト教徒たちとの戦争である。前線を徹底的にやっつけて、イベリアの残りの地域にグラナダ王国の旗を立てよう」

とムハンマド七世に吹き込んでいたのです。

一方、兄ユースフ三世の方は、もっと慎重でした。

「大切なのは平和を得ることで、それが騒乱や嵐を止める唯一の方法である」

としていたのです。王国の富を増やすことができたら、それは攻撃に使うのではなく、防衛のために使うべきだ、としていたのです。


ユースフ三世は詩人と言われていますが、外交でもずいぶん頑張りました。一四一〇年にアンテケーラをキリスト教側に取られてからは、この絶体絶命のような中、優秀な外交官をカスティーリャに送って何がなんでもと、パーリア（軍事貢納金）をカスティーリャに支払い続け、戦争を避け平和を求めたのです。一方、アフリカのマリーン朝は地中海の北と南のイスラムを一つにしたいと熱望しており、スルタンのアブー・サイード・ウトマーン三世は弟アブー・サイドにジブラルタルなどを占領させるのですが、ユースフ三世は首長の一人をジブラルタルに行かせ、ここを降伏させました。しかし、このジブラルタルを占領していたアブー・サイドを、今度は友情をもってアルハンブラに迎え入れ、以後友好状態を保つことができたのです。

また、アルハンブラの中、パルタル宮の少し南のあたりにユースフ三世宮殿があったと言われています。この詩人の王様がどんな宮殿を建てたのか興味深いのですが、残念ながらほとんど何も残っていないのです。

ユースフ三世は一四一七年に突然に亡くなりました。脳卒中だったようです。偉大な最後の王であり、政治に優れ、大騎士であり、民衆の父だったと言われていますが、大事な領土は、確かに減らされていっていたのです。

やはり、カスティーリャのフェルナンド・デ・アンテケーラの登場で、グラナダ王国は苦しくなっていきました。しかし、いろいろ大変なことがあっても衰退期に入っても、グラナダ王国は、決定的な打撃を受けることなく生きながらえています。どうしてグラナダ王国が保たれているのでしょう。その理由として、

・グラナダ王国には、自然の要塞がある。それは海と高いシエラ・ネバダ山脈に代表される山々である。例えば、バサ、アンテケーラ、ロンダ、ジブラルタルなどは町自体が要塞なのである。
・グラナダは、ヨーロッパとアフリカのマグレブ地方（アフリカ北西部）との交易の中継点となっている。
・カスティーリャに軍事貢納金（パーリア）を納め、戦いを減らす努力をしている。
・カスティーリャでは、王位争いや摂政の権利を大きくしようという争いが絶えない。

・征服された町のイスラムたちがグラナダに逃げてきているため、王国の人口が増加し活性化している。
・何よりも、難攻不落のアルハンブラ宮殿がある。

などが挙げられます。なるほど、このような地の利や努力があったのです。

◆アルハンブラ宮殿(5) ライオン宮◆

コマレス宮を見たら、次はライオン宮を知りたくなります。

ムハンマド五世は、一三七〇年にコマレス宮の装飾を終えてライオン宮の建設に取り掛かったとされています。もちろん、ムハンマド五世はライオン宮を造ったということで有名なのですが、新しい王宮を建設しようというだけでなく、王宮全体を見直そうとしたように思われます。

ムハンマド五世の侍従でもあり、また高等法院院長も務めた知識人で詩人のイブン・アル・ハティブは、この時代の宮殿について文章を残しています。少し挙げておくと、

「メスアール宮が新しくなった。一三六二年の、イスラムの創始者ムハンマドの生誕の祝祭のために完成させたものだった。

メスアールの間(106)は、自分が正当であることを直接王に訴えたり王と直接に接することができる場所であり、また王からすると一般人から挨拶を受けることのできる場所である。開口部に繋がっていて、回廊、洗面台、秘書官のための椅子などが設置されている。

メスアールの中庭(107)〔口絵コマレス宮のファサード参照〕には、石けり遊びの形を模した噴水がある。丸いアーチで囲まれている形である。高所から水が落ちるようなものも、高所に水の噴出口がついているものもある。

大使の間(©スペイン政府観光局)

大使の間(111)について、高い丸天井のある部屋の床は、高価なタペストリーで覆われ、その上に一段高くなった玉座がある。玉座は洗練されたうわ張りがなされており、王の印が刺繡されている。

貯水槽の周りには、ガラス製や銅製の多くの枝付き燭台があったが、このようなものは他の王家には全くないものだった。広々とした空間に広い盆とともに、高い柱に、像の足元に、また像の上などに燭台があり、吊るされた状態の燭台もあった。光の元も壁龕《へきがん》(壁の窪み)に置かれたランプやカンテラや大きな蝋燭や、その場所に適したものが、部屋の角や隅に置かれていた」

なるほど、少しは強調しているでしょうが、それにしても、主な部屋が相当に豪華だったことがわかります。

さて「ライオン宮」を見るにその中央にあるのは大きな「ライオンの中庭(115)」(口絵参照)です。一二頭のライオンが一二角形の水盤を支えており、水盤中央と一二頭のライオンの口から水が溢れ出ています。アルハンブラ宮殿には、いくつかの似たような中庭がありますが、この「ライオンの中庭」はよその中庭と全く違う姿をしているため、深く目と心に刻まれます。

ライオンの中庭

この大きな「ライオンの中庭」の四方には、部屋があります。

西にあるのは「鍾乳石飾りの間(116)」ですが、建設当初、ライオン宮はコマレス宮のアラヤネスの中庭とは繋がっていませんでした。直接外部と繋がっていただろうとされていて、この鍾乳石飾りの間がライオン宮への入口で、玄関ホールあるいは受付の役目をしていたのではないかと言われています。

中庭の南には、「アベンセラーヘスの間(120)」があります。後にアベンセラーヘ事件の現場と

アベンセラーヘスの間

なったところと言われていますが、ここは私的な住まいでした。部屋の中央には小さな噴水がありますが、アベンセラーヘ事件で血に染められたとされる噴水です。

中庭の東には「諸王の間(117)」があり、長い大きな部屋となっています。その大きさから、祝祭や接待、会合の部屋として使われていたのでしょう。この部屋の天井絵は、ムハンマド五世の時代ではなくムハンマド七世の時代に描かれました。ちなみに、カトリック両王はこの部屋を礼拝堂として使っていました。

中庭の北にあるのは、「二姉妹の間(118)」です。アベンセラーヘスの間と同様、住まいであり主たる部屋であり、さらには、この宮殿で最も重要な部屋でした。部屋の中央には小さな噴水があり、細い流れで中央の噴水に繋がっています。

この部屋は元々、北の城壁に向かい、庭に面していて美しい光景を見ることができました。その豪華な装飾からして、すべての建造物の中で最も重要な場所といえるようです。そしてイブン・サムラックの碑文が模様のように描かれているのですが、その内容は、ムハンマド五世を

二姉妹の間(©スペイン政府観光局)

二姉妹の間の天井(©スペイン政府観光局)

讃える詩だといいます。サムラックはムハンマド五世の復位後、第一大臣に昇っていますから、王をいくらでも讃えることができたのです。

今は、この部屋の北側に「貯水槽の間」と呼ばれるところがあり「リンダラハのバルコニー(119)」に続いていますが、これらは、一六世紀になりカール五世が訪れることになって増設されたものです。カール五世は「リンダラハの中庭(114)」の周囲に自らの執務室や書斎や寝室、そ

二姉妹の間(©スペイン政府観光局)

して「女王の化粧塔(113)」を建設しました。
ですから、ムハンマド五世の時には「二姉妹の間」から向こう側は、庭園が続いていたことになります。

ムハンマド五世がどうしてこう色々な宮殿に関与して、装飾や修復をし、そしてライオン宮まで建設できたかというと、それはカスティーリャとの関係が悪くなく、カスティーリャとの戦いに時間やお金を割く必要がなかったからでした。

第6章　入り乱れての衰退期

ムハンマド八世
　父が心配した通り
ムハンマド九世
　王位はどうせまた我に
　とはいえ、四度はちと多いか
ユースフ四世
「イゲルエラの戦い」
　キリスト教国の勝利で、何故か私が王に？
ユースフ五世
　イスマイル問題にかこつける
イスマイル三世
　興味は恋愛、しかし王位も欲しい

ついにこの時代に来てしまいました。というのは、この第6章の時代は、何が何だかよくわからないのです。「わからない」と言っても何が「わからない」のかわかりませんから、もう少し具体的にお話します。

グラナダ王国の歴史を探究すると、一四四五年（ムハンマド九世の三度目の王位終了時）までの王様たちは、どんな文献を見てもほぼ同じに並んでいて実に美しく描けるのですが、次の二年間は滅茶苦茶なのです。文献によって登場する王様がさまざまであるうえに、王位に就く王様の順序もその在位期間もまちまちなのです。「王である」と宣言はしても、本当に王になったかどうかも解明しにくいのです。

しかも、「最近の研究によれば、王様の名前が変更された」というのです。

「以前に『ムハンマド一〇世』とされていた王は『ユースフ五世』であり、その結果、以前の『ムハンマド一一世』『一二世』『一三世』は、それぞれ『ムハンマド一〇世』『一一世』『一二世』と繰り上がる」

つまり、グラナダ王国最後の王でボアブディルと呼ばれている王様は、私の中では「ムハンマド一二世」だったのですが、今は「ムハンマド一一世」なのです。ちなみに「以前に一三世で今は一二世の王様」は、第9章に出てくるアル・サガルです。

しかし、ほっとする文献に出会えました。宝物のような文献です。

参考文献にも挙げましたが、『世界歴史大系　スペイン史1』の中に「十五世紀のナスル朝については支配者の正確な一覧すらつくることが難しいのが現状である」とありました。「十五世紀のナスル朝」というのはまさに、ムハンマド八世や九世や一〇世が、短い期間にどんどん代わっていった時代です。やっぱりそうなのです、誰が調べても、そもそもこの時代はわかりにくいのです。王様の順序も、王様どうしの関係も、はっきりしないのです。

主にこの文献と、同じく参考文献に挙げた *La España Musulmana* を参考にして王様の順序を決めました。そして多くの文献を参考にしながら、最終的にこの本に示す系図を作成しました。この形が最も矛盾が少なく全体として整合していると考えたからです。それが巻頭の〈大系図〉です。


さて、そんな前準備を終えて、このややこしい時代に突入していきましょう。

1　王位は行ったり来たり、ムハンマド八世とムハンマド九世

〈大系図〉を見ると、王位はムハンマド八世、九世、八世、九世と二往復しています。

ムハンマド八世の父ユースフ三世は息子が生まれた時から心配をしていました。

「自分は兄なのに、弟によりサロブレーニャの城に閉じ込められていた。王の長男だからといっ

て、すんなり王になれるとは限らない。息子はどうだろうか」
まず息子の守役に、自分の宰相であるアラミン・ベネガスを付けました。
次に、息子が王になることに不満を抱き反対する人物は誰であろうかとあたりを見回し、「それはあのムハンマドだろう」と直感しました。ユースフ三世の従兄弟のムハンマド（後のムハンマド九世）です。そこで、「あのムハンマド」には、このところお決まりになっているサロブレーニャの城に行ってもらおうと考えたのです。

［ムハンマド八世、一度目］
ユースフ三世は突然に亡くなり、その時息子はまだ八歳でした。でも、しっかりと宰相のアラミン・ベネガスが側に付くことになり、父ユースフ三世がいろいろ考えておいてよかったということになるのでしょう。このベネガス家は、最近メキメキと頭角を現しつつあった貴族の家系で、党派の一つと言えるほど力を持ち始めていたのです。
父ユースフ三世をサロブレーニャの城から解放したのは、ベネガス家ではなくアベンセラーへ家の人物でしたが、こちらも同様に力を付けていて、アベンセラーへ家というよりも、アベンセラーへ家を中心とした一つの党派を形成していたのです。

さて、そのまだ子供の「小さい王」と呼ばれたムハンマド八世の統治はどうだったのでしょう。

実際に政治を行なっていたのは父の宰相だったアラミンで、政権を安定させるために、カスティーリャ王フアン二世に援助を申し出ると同時に、北アフリカのマリーン朝にも援助を求めていました。これを見て他の臣下たちは、少し戸惑います。それまでは、カスティーリャと戦うために同じイスラムであるマリーン朝に援助を求め、マリーン朝の力が強くなりすぎるとカスティーリャと組んだりしていましたが、同時に両国と結ぶのはいかがなものかと思ったのです。

さらには、宰相アラミンは、王の名で勝手に政治を行なっているように見えるのです。もちろん、もう一方の有力貴族アベンセラーヘ家にしてみれば、「ベネガス家の人物が思い通りのことをするとはけしからん、許せん」と憤慨していたのです。そして、サロブレーニャにいる「あのムハンマド」をムハンマド九世として王位に就けようと動き出しました。

アベンセラーヘ家はまたもやサロブレーニャの城に、今度は「あのムハンマド」を解放しに出かけました。しかしグラナダの民衆は、「あのムハンマド」をムハンマド九世として受け入れることを拒否し町の城門を閉めるのですが、アベンセラーヘ家はイスラムの法学者を集め、ユースフ三世の次の王として従兄弟のムハンマド九世が正当であることを説き、法学者たちはそれに納得し、今度は法学者たちが民衆を説得し、民衆もひとまず納得したのです。

そして「小さい王」ムハンマド八世は、王位に就いてわずか二年で、ムハンマド九世のいたサロブレーニャの城に行かされることになったのです。

［ムハンマド九世、一度目］
「左利き王」と呼ばれたムハンマド九世は四回も王位に就いています。さぞかし安定した人物なのかと思うとそうではなく、どうやら臆病で、民衆に背中を向け、寝室に引きこもり、守りを固め、政治をせずにハーレムで過ごす楽しさだけを追っていたと言われています。そのためアベンセラーへ派はさらに力を強くし、地中海の北側と南側のイスラムを合わせてキリスト教徒に対する十字軍を作ろうと言い出し、国庫は空になっていきました。そして一四二五年、通貨切り下げをする羽目になり国は混乱していくのです。

こうして王国に押し寄せた経済危機から、ムハンマド九世は反抗者たちによって王位から下され、アフリカのチュニスに逃げたのです。北アフリカの西部には一二世紀に誕生したマリーン朝がありますが、東部には一三世紀に誕生しチュニスを中心としたハフス朝があるのです。ここのスルタンはアベン・ファリスでした。もちろんマリーン朝と同様にイスラム教の国で、ムハンマド九世はここに逃げ込んだのです。

［ムハンマド八世、二度目］
ムハンマド九世の経済政策に嫌気がさし、九世を王位から落とした民衆は、サロブレーニャの城にいるムハンマド八世に王位に戻ってくれるよう働きかけます。ムハンマド八世を支持したのは、ベネガス家とセグリ家でした。

グラナダに戻ったムハンマド八世は、今度は自分の周囲をその支持者で固めるのですが、ムハンマド八世はこの時、グラナダの民衆の心を捉えていたと言えるでしょう。というのは、王位を宣言しただけでなく、民衆のための祝宴を開き、舞踏会を催し、踊りと太鼓の会も開いたのです。これらはグラナダ人の好むところでした。また、八世自身騎馬槍試合が得意だったので、広場での槍試合も行ない、町の人たちから喝采を受けたのです。こうして民衆や貴族や宮廷人たちを喜ばせ、祝宴や夜会に招き、贈り物をし、仕事を上手に彼らに分けていたのです。「小さい王」も随分と大人になっていたのです。

しかし、アベンセラーへ家は不満でした。ハフス朝のチュニスに亡命していた「左利き王」ムハンマド九世を支持しつつカスティーリャ王ファン二世に援助を求め、強力な軍隊とともに東寄りの港町アルメリアに行くと、ここではムハンマド九世は王として歓迎されたのです。

九世がアルメリアで歓迎されたことに八世は危険を感じ、弟アブル・ハサン・アリを呼び、七〇〇騎もの騎馬を与え、ムハンマド九世を見たら拘束するように命じます。グアディクスの町だけは八世側でしたが、多くの騎士たちは逃亡して九世側に付きます。

アルメリア以外でも、アルバイシン、マラガ、ロンダ、ジブラルタルなどでムハンマド九世の勢いが強く、その勢いでグラナダに入り、アルハンブラを包囲し、ムハンマド八世を追い出したのです。ムハンマド八世には息子がいましたが、この息子はムハンマド九世に許しを乞い、ムハンマド九世の保護下に入ることになったのです。

こうしてムハンマド八世は、再度サロブレーニャに行かざるを得ませんでした。

しかし、そこからカスティーリャ王ファン二世の助力を頼んでいます。ムハンマド八世の臣下たちがカスティーリャに赴《おもむ》き、ファン二世に、

「故ユースフ三世の御子息、ムハンマド八世こそが我がグラナダ王国の正当な王なのです。是非ご助力いただきたい」

と懇願していたのです。ムハンマド八世からの手紙をファン二世に渡し、何故正当なのか、グラナダ王であることを何故続けられなかったのか、今はサロブレーニャの城に閉じ込められているが、王位を回復するために力を貸していただけないかと説明したのです。するとファン二世は助力を約束してくれたではないですか。


ファン二世はアベンセラーへ家と一緒にムハンマド九世側を援助していたのではなかったっけ、と頭がクラクラしてしまうのですが、ファン二世からすると、グラナダは分裂したり内戦をしたりするのが良いのです。そのためには二つの派がいつも争っていることが良いのです。ですから、こっそりあちらに協力したり、こちらに協力したりを繰り返すのです。一貫性などを求めてはいけないのです。

しかし、このことを知ったムハンマド九世には、

「ムハンマド八世は、まだ懲りずに動いているのか、目障りだ」と映り、ムハンマド八世も弟のアブル・ハサン・アリも、ここで処刑されました。ムハンマド八世の王位は最初二年、二度目も三年と短いものでした。父ユースフ三世が、「あのムハンマド（九世）」が危険だと直感した通りになってしまったのです。

［ムハンマド九世、二度目］

二度目の王位に就いたムハンマド九世の最初の仕事は、アベンセラーヘ家の一族が以前のように地位を回復するために、新たな侍従としてアベンセラーヘ家のアブディルバルを任命したことでした。しかし、この二度目の王位は二年しか続かなかったのです。というのは、ベネガス家の推すユースフ四世側に立つ町が増えてきたからです。ムハンマド九世は財産を持って一族とともにアルメリアに向かい、さらにマラガに避難をしたのです。その中にはやがてユースフ五世となる甥も含まれていました。

2　突然現れた、ユースフ四世

［ユースフ四世］

ユースフ四世って一体、誰？　多分当時の人たちもそう思ったでしょう。

アベンセラーヘ家は、北アフリカのハフス朝とカスティーリャ王フアン二世の力を借りてムハンマド九世を二度目の王位に上げることができたのですが、今度はベネガス家が黙ってはいないのです。

ベネガス家の中心となっているのはリドワン・ベネガスです。一世紀近く前に、アブル・ヌアイム・リドワンという、ムハンマド四世の侍従となりその後もユースフ一世やムハンマド五世に仕えた元キリスト教徒の男がいましたが、ここに登場するリドワン・ベネガスは、アブル・ヌアイム・リドワンに端を発しているとされています。

ただし、多くの文献で、アブル・ヌアイム・リドワンとリドワン・ベネガスは混乱して書かれているようで、参考文献として挙げた『ロマンセ――レコンキスタの諸相』においても、

「キリスト教出身のイスラム戦士リドゥアンの名は境界地帯に知れ渡り、次第に、その名を有する伝説的人物像が創られていった。その結果、一四世紀に最高官を務める……リドゥアンも、その子息のムハンマドも、一五世紀に大臣を務めたリドゥアン・バネガスも、その子息のアブルカシンも皆混同され、等しく、レドゥアンと呼ばれた」

と書かれています。多分、この本の著者は私と同様に、

「ここに出てくるリドワンは、前に出てきたリドワンとは違うはずなのだけど……」

とあれこれ思ったのでしょう。私も、この著者の一言に、

「やっぱり、同じリドワンという名前でも別人なのだ、時代も違うしね」

と、とても安心をしたのです。


自分たちも権力の座に、というのがベネガス家の野望でしたが、周りを見渡すと王位に就ける人物がすぐ近くにいたのです。かつてあまり評判の良くなかったムハンマド六世の孫のユースフでした。評判が良くなかったとはいえ、ムハンマド六世だってナスル朝の本筋から少し離れているだけでナスル朝の人物ですし、グラナダ王になったそのムハンマド六世の孫なのですから、血筋に問題は全くありません。

そこで、この「ムハンマド六世の孫のユースフ」に、グラナダ王に就くようにと提案したのです。このユースフは宮廷ですでに重要な人物となっており、民衆からも良く思われていたのですが、王位に就くにはベネガス家の力だけでは足りず、何としてもカスティーリャ王ファン二世の助力が必要でした。ユースフはこの提案を承知し、「リドワン・ベネガスがカスティーリャ王ファン二世に援助を申し込む」ことに同意したのです。

ファン二世に対してリドワン・ベネガスは、自分たちの推すユースフこそがグラナダ王にふさわしく正当であると主張し、ファン二世もいつもの通り、グラナダで内戦が大きくなるのは望ましいことなので引き受けます。

実はアベンセラーヘ派のムハンマド九世側もファン二世に援助を申し込んだのですが、流石に同時に両派を表立って応援することはできず、ファン二世もこの時はムハンマド九世側からの申し出を拒否しました。

ファン二世は強力な軍隊を用意しました。そしてファン二世側の総司令官アルバロ・デ・ルナが率いるカスティーリャ軍とユースフ軍が、ムハンマド九世軍とぶつかったのです。「イゲルエラの戦い」と呼ばれ、一四三一年七月のことでした。

「イゲルエラの戦い」

スペインの歴史の本などでは、それもかなり詳細な歴史本でないと出ていませんが、「この戦いはカスティーリャとナスル朝グラナダとの戦いで、キリスト教国側のカスティーリャが勝利した」と、レコンキスタの一事件としてあっさり書かれています。

実際は、アベンセラーヘ家とベネガス家が絡むグラナダ内部の王位争いの戦いに、カスティーリャ王ファン二世が驚くほど積極的に関わったもので、条件が許せばそのままグラナダ王国を降伏させることができるくらいにキリスト教側の大勝利となったのです。ファン二世側の武器の方が優れていたからだったと言われています。この戦いにファン二世が勝利したことで、「ムハンマド六世の孫のユースフ」は「グラナダ王ユースフ四世」となったのです。

ちなみに、スペインのエル・エスコリアル修道院の「戦いの間」には大きな戦闘画があって、いつどこでの戦いなのだろうなどと思っていたのですが、これはキリスト教側が大勝利した「イゲルエラの戦い」だったのです。

戦いの場所は、グラナダ近くのシエラ・エルビラで、イスマイル一世時代に起きた「グラナダ沃野の大惨事」と同じ様な場所でした。スペイン語でイゲーラとはイチジクのことで、「イチジクの木の下で戦いが始まった」ために「イゲルエラの戦い」と呼ばれることになったようです。

当初イゲルエラは地名だと思っていて、調べてみると、イゲルエラという町がムルシアとバレンシアの中間あたりにありました。どうしてこんなところで戦ったのだろうと不思議に思っていたのですが、実際は「グラナダ沃野でイチジクの木の下で開始された」戦いだったのです。合点がいきました。


この戦いでファン二世側が勝利したことから、ベネガス家が支持したユースフ四世が王位に就いたわけですが、ユースフ四世のアルハンブラへの入城は素晴らしいものでした。六〇〇人もの軍勢に守られてエルビラ門からグラナダに入ってきたのです。それに、アンダルシアのカスティーリャ側の前線総督ドン・ディエゴ・ゴメス・デ・リベラとカスティーリャ側の軍勢も一緒だったのです。カスティーリャ軍に守られての新たなグラナダ王の誕生だったのです。何だか変ですね。

とはいえ、アルハンブラでは新しい王を歓迎しました。コマレス宮の大使の間での戴冠でした。

ユースフ四世がグラナダ王になってみると、カスティーリャ王ファン二世との取り決めが明らかになってきました。それは、

捕虜となっているキリスト教徒を解放すること
キリスト教徒に、イスラムへの改宗を強制しないこと
毎年、多額の金（貢納金）をカスティーリャに支払うこと
カスティーリャ王ファン二世とその騎兵を守ること

でした。これを知った時、誰もが「それではカスティーリャのファン二世の言いなりではないか」と憤慨し、特に法学者たちには、このようなへりくだった条件は呑めず許せなかったのです。

一方、王位を追われたムハンマド九世はマラガの地で王位に戻る準備をしていました。グラナダの人たちは、今度はムハンマド九世側についたのです。

こうして、ムハンマド六世の孫のユースフ四世はわずか数か月で王位を追われ、ムハンマド九世がグラナダに戻ると、ユースフ四世は処刑されたのでした。宰相のリドワン・ベネガスは妻や子を残してグラナダを出てキリスト教国へ逃れ、キリスト教に改宗し孤独に死んだと言われています。

3　ムハンマド九世と、二人の甥たち

［ムハンマド九世、三度目］

お馴染みの王の三度目の王位ですが、今度は一三年も続くのです。この時代の動きを考えるとものすごい長期政権といえますが、どんなだったのでしょう。

ムハンマド九世が初めて王位に就いた時「臆病で、民衆に背中を向け、寝室に引きこもり、守りを固め」という人物だったのですが、どうしてどうして、三度目ともなると「粘り強い」とか「忍耐力がある」とかその評価も変化してきたのです。経験豊富なことが物を言いはじめたのです。

宰相を再びアベンセラーへ家のアブディルバルにしましたが、この人はもともと、賢く機転が利き、慎重で調停や仲裁を重んじる人物でした。ですから、平和を望む時代にちょうどよかったのです。アブディルバルは、報復や復讐でなく対話で統治すべきと考えていたからです。

前王ユースフ四世には三人の子供がいました。男子が二人と女子が一人です。ムハンマド九世は、当然のこととして三人の子供たちの首を刎《は》ねるつもりだったのですが、新しい宰相アブディルバルはそれを制止し、三人にはむしろ高い地位を与えるべき、それが統治であると説いたのです。そしてアブディルバルは、カスティーリャと二年間の休戦協定を結ぶことができました。それは、カスティーリャにコンベルソ（ユダヤ教からキリスト教への改宗者）問題が起きていて、フ

アン二世側にも休戦は都合が良かったのです。

この少し落ち着いた時期、国は平静さを取り戻し、皆以前の仕事に戻り、手工業者は仕事場に戻り、農民は畑を耕すことができました。商人たちも商売であちこち回ることができ、そのためにはキリスト教国との国境を越えることもしばしばあったのです。敵対している国のどちらにも、利益があったのです。

しかし、思わぬところから綻《ほころ》びがやってきました。

〔ユースフ五世とイスマイル三世〕

ムハンマド九世には残念ながら息子はいませんでしたが、愛する妹ファティマには息子が二人いたのです。ムハンマド九世の甥となります。

甥の一人は野心的なユースフで、伯父ムハンマド九世が二度目の王位を追われアルメリア、マラガと逃げた時に一緒だったのですが、アルメリアの城塞主という地位にも昇っていたのです。

もう一人の甥はイスマイルで、グラナダに暮らしており、政治や野心とはあまり関係なく恋愛に生きていました。そしてある時、ことのほか美しい若い女の子に恋をしたのです。グラナダに住むイスラムの人たちは恋をすると盲目になると言われており、イスマイルは彼女と結婚することを夢見始めたのです。

どのような結婚式にしようかどんな人を招待しようか、だんだん想いは広がり、どんな祝宴にしようか夜会はどうするか、妄想が進んでいったのです。ところがある時友人が、良くない知らせがあるんだとイスマイルのところにやってきて、「君の伯父上は、君と彼女との結婚を禁止すると言っているよ」と言うのです。その彼女は宮廷でも有名な美人でしたし、伯父ムハンマド九世は、その女性を自分の臣下と結婚させるつもりだったのです。

若きイスマイルは怒りに震えました。そして戦いを決意したのです。「イスマイル問題」の始まりでした。友人たちも集まりました。兄弟のユースフはアルメリアにいたのですが、イスマイルの決意を知り飛んできました。ともに反乱の準備をしたのです。

ユースフは自らアルメリアで城塞主であり、いつかはグラナダ王にという野心があったのです。ちょうど良い機会でした。「イスマイル問題」の解決のためにアルハンブラに上り、伯父のムハンマド九世を退位させたのです。そして驚いたことに、このユースフが王位に就いたのでした。この人は足が悪かったので、「足ひきずり王」と呼ばれています。

ムハンマド九世の三度目の王位の次の王は甥であるユースフ五世でした。これが一四四五年のこと。これからの二年間は王も交代しますが、あちこちから「王である」という宣言も聞こえてくるのです。

家柄的には、このユースフ五世も何ら遜色はありません。ユースフ二世の孫でありムハンマド五世のひ孫なのですから。この時代の王様の話をするとき、いつも出てくるのが「ユースフ二世の何々であり、ムハンマド五世の何々である」という言葉です。この二人の王様との関係を述べれば全て解決なのです。

ユースフ五世は、ムハンマド九世が選んだ宰相アブディルバルも、アベンセラーヘ関係の人物たちも辞めさせました。そもそもの発端は「イスマイル問題」だったのですが、それに託《かこつ》けてユースフが蜂起し王位を宣言してしまったのです。イスマイルは流石に身の危険を感じカスティーリャに避難したのですが、カスティーリャのフアン二世はグラナダから逃げてくる人たちを保護していました。いずれ使えるだろうと思っていたのです。

グラナダでは突然現れたユースフ五世にうんざりしていました。ユースフ五世の敵は、相変わらず力を持っているアベンセラーヘ家と、サロブレーニャの城にいるムハンマド九世でした。ユースフ五世を引きずり下ろすためには、次の候補者がいないと成り立ちません。というのも、ムハンマド九世は何度も王位に就いているのですが、実は当初から「正当でないのに、王位を持っていった」とされ、今でもあまり人気がないのです。ユースフに代わる王、といえばやはり兄弟のイスマイルだったのです。カスティーリャ王フアン二世もイスマイルのグラナダ行きを推しました。兄弟で争ってくれればグラナダはいよいよ弱くなるからです。サロブレーニャのムハンマド九世も、イスマイルを呼び返そうとしました。こうしてイスマイルが王位に就きイスマイル三世となったのです。

ユースフ五世の在位は、わずか半年ほどで終わりました。しかしユースフは支配する領地のアルメリアに戻りグラナダ王を宣言します。国に二人の王ができたのかと思うのですが、ユースフは自分の大臣によって殺されました。

イスマイル三世はグラナダ王にはなったものの、やはりサロブレーニャにいるムハンマド九世からの圧力は強く、カスティーリャに再度逃亡します。

4　またまたムハンマド九世

［ムハンマド九世、四度目かつ最後］
ユースフ五世は臣下に殺され、イスマイル三世は何度目かのカスティーリャ逃亡となりました。となると、グラナダの宮廷に入るのは、やはりこの人しかいなかったのです。
とはいえ、イスマイルは、カスティーリャに逃亡してからも王位に就く機会を狙っていました。カスティーリャ王フアン二世もイスマイル三世を再度グラナダ王にしようとして、武器やお金の援助を続けます。
一四五〇年三月、ムハンマド九世はカスティーリャと和平を結びます。でもフアン二世は、この和平の時でさえ、グラナダを分裂させるためにイスマイル三世を援助しているのです。マラガの住民がムハンマド九世を支持していないことをイスマイル三世は知っており、マラガの近くに居を定め、何とマラガの城塞からグラナダ王を宣言するのです。民衆は、王はムハンマド九世なのか、若きイスマイル三世なのか、わからなくなります。

ところで、ムハンマド八世の息子のムハンマド（後のムハンマド一〇世、「少年王」と呼ばれます）は、ムハンマド九世に保護され、九世の一部代理のような仕事をするようになっていました。政治はムハンマド九世が、そして軍事は「後の一〇世」が、と分担していたのです。

そしてムハンマド九世と「後の一〇世」に率いられた軍隊はマラガに向かい、勝手に王位を宣言していたイスマイル三世を征服したのです。直後にムハンマド九世は、自分たちの仲間に囲まれてマラガの城塞に上り、マラガの人々に服従と忠誠を誓わせたのです。

四度目のムハンマド九世の治世となりますが、ライバルだった甥たち（ムハンマド八世、ユースフ五世、イスマイル三世）は殺されました。突然現れたユースフ四世も処刑されました。もう見渡すところ気になる人物は誰もいないのです。

しかし、流石のムハンマド九世も王位は四度目で最後でした。亡くなったからです。この時代多くのグラナダ王たちは不幸な死に方をしているのですが、このムハンマド九世は自分のベッドで亡くなりました。自然死だったのです。自分亡き後を「後の一〇世」に託して亡くなっていったのです。

もう一つ、お話しすることがありました。ムハンマド九世には息子はいないと書きましたが、娘が三人いました。そのうちのアイシャを「後の一〇世」に嫁がせています。

5　王たちのあだ名について

この第6章では、あだ名のついた王様が出てきました。ムハンマド八世には「小さい王（エル・ペケーニョ）」、ムハンマド九世には「左利き王（エル・スルド）」、そしてユースフ五世には「足ひきずり王（エル・コホ）」、また、次章にも登場するムハンマド一〇世には「少年王（エル・チキート）」というあだ名がついています。

ただでさえややこしいのにあだ名まで付いているなんて、一体どうなってるのと思うかもしれません。実はこれらのあだ名は「カスティーリャではそう呼ばれている」ということなのです。彼らは有名人だからあだ名が付いていたのではありません。逆に、在位期間が短かったり、何度も王位に就いたりしている王様たちです。カスティーリャでも「誰々何世」というのは、かえってわかりにくかったのでしょう。

「あのムハンマド八世が……」と言うと「ムハンマド八世って、誰だっけ？」と思ってしまいますが、「あの『小さい王』が……」と言うと「ああ、あの『小さい王』ね」ということで、互いに理解し話が進んだのだと思われます。カスティーリャ人からすると、「何世」というところだけが異なるのでは非常に区別をしにくかったため、自然にあだ名で呼ぶことになったのでしょう。

王様の名前について、この章の最初に「以前に『ムハンマド一〇世』とされていた王は『ユースフ五世』であり」と書きました。ですから以前は、ユースフ五世でなくムハンマド一〇世を「エル・コホ」と呼んでいたのです。

文献を読んでいて困るのは、そのあだ名だけで書かれているものがあることです。系図も在位期間も書かれていない文献で「エル・コホが……」となっていると、「一体、この著者氏は、どの王様の話をしているのだろう」と途方に暮れるのです。

名前がややこしくあだ名も複数ある、しかも一回一回の在位期間は短く何をしたのかよくわからない、執筆者泣かせの王様たちなのです。

第7章　さらに不安定な衰退期

ムハンマド一〇世
殺された上に妻まで盗られた
サード
歳はとったがまだまだやれる
イスマイル四世
いったい、私は誰？

やっとややこしい第6章が終わってほっとしましたが、これはただの気休めでした。この第7章も、負けず劣らずややこしいのです。とはいえ章が新しくなったのですから、頭を休めて、調べる気力と書く気力を出そうと思います。

1　ムハンマド一〇世とサード、こちらも行ったり来たりの王位

［ムハンマド一〇世、一度目］

長く続いた「左利き王」ムハンマド九世から託されたのは、「小さい王」ムハンマド八世の息子の「少年王」ムハンマド一〇世でした。

ムハンマド八世とムハンマド九世は対立していたのではなかったのかなと思うのですが、二人の間には王位が行ったり来たりして、確かに対立をしていたのです。ムハンマド八世は二度目の王位の後、ムハンマド九世に囚われ、サロブレーニャの城に移されましたが、この時、八世の息子（後のムハンマド一〇世）はムハンマド九世に許しを乞い、その保護下に入ったのでしたね。

ムハンマド九世はこの「後の一〇世」を気に入っていました。ムハンマド九世には息子がいません。自分亡き後を誰に託すか、目の黒いうちに自分の息のかかった人物を次の王に、と決めておきたいのです。

「この子はちょうどよい。素直だし、能力も思っていたよりも高い。自分の代理のような仕事も

させていこう。場合によっては、娘アイシャと結婚させてもよい」

そしてその通りになったのです。

さて、ムハンマド一〇世という名前になり王にはなったものの、この人の立場は不安定で、民衆はむしろアリの息子のサードを好みました。「民衆はサードを讃えている」、ムハンマド一〇世はそれを全身で感じ取り、王位をサードに渡したのです。暴力的に王位が終わったのではなく、ムハンマド一〇世は何も抵抗しなかったといいます。反対をしても無駄だと分かっていたのです。

こうして、ムハンマド一〇世は王位に就いてすぐに、一年も経たないうちに退位したのでした。

［サード、一度目］

〈大系図〉をよく見ると、サードもれっきとしたユースフ二世王の孫にあたります。ムハンマド一〇世の統治期間が一年にも満たなかったのですが、このサードの統治期間もやはり一年前後でした。理由ははっきりしませんが、一四五四年の終わり頃あるいは一四五五年一月にグラナダから追放されたようです。サードはムハンマド一〇世よりも一世代前の人物なのですが、「サードはかなり歳をとって五五歳くらいで王位に就いた」とされています。

［ムハンマド一〇世、二度目］
ムハンマド一〇世は、サード王がグラナダから追放された一四五五年一月に王位宣言をするのですが、その後サードも勢力範囲を広げてきて、ムハンマド一〇世はグラナダ、マラガ、グアディクス、アルメリアの一部を支配し、今ではアベンセラーへ家の助力を得ていたサードはアルチドナ、ロンダ、アルメリアの一部を支配していたとも言われます。それぞれが勝手に王位を宣言しているようにも見えますが、カスティーリャから見ると、
「グラナダ王国には王が二人いるようだ、国が分裂しているのかもしれない」
のです。こうしてグラナダ王国が弱体化していくことは、カスティーリャにとってはとても良いことであり、カスティーリャは最高に喜んだのです。

実はサードは、グラナダを追放されていた時カスティーリャを見つめていたのです。カスティーリャでは、五〇年近く統治をしていたフアン二世が死去し、エンリケ四世が王位に就いたところでした。サードは、

「やはり、この新しい王の臣下にならねば、我らが生きる道は開けない。新しい王エンリケ四世と至急、会合を持たねばならない」と考え、

「カスティーリャ王エンリケ四世の臣下になることを懇願致します。その代わりに、王位を回復することを助けていただきたい」

と依頼したのです。

そして、それが確かな約束であることを認めさせるためにサードは、大切な息子ムレイ・ハセンをカスティーリャ宮廷に送りました。もちろん約束の保証のための人質であり、同時に、重要な連絡係でもありました。

王位を宣言したムハンマド一〇世ですが、サードとカスティーリャが和平の合意をしたことを知り、自らも武器を取ったのです。が、力不足でした。アルプハラに一旦避難して、そこから王位の回復を考えようと思い直したのです。

［サード、二度目］

ムハンマド一〇世がアルプハラに避難したことにより、サードは二度目の王位に就きます。アルプハラは起伏に富んでいて、暮らすのは大変ですが、隠れるのには適していたのです。

しかし、アルプハラからグラナダに戻る途中でムハンマド一〇世はサード側に捕らえられ、ムハンマド一〇世と家族はグラナダに引いて行かれ、坂を登りアルハンブラ宮殿に上りました。そしてライオン宮の中庭で、サードの息子たちによってムハンマド一〇世は処刑されたのです。小さな子供たちは父の処刑を見て恐ろしさで震え上がったのですが、次は息子たちの番でした。こうしてムハンマド一〇世とその子供たちの命は絶たれました。

妻の一人はアイシャで、ムハンマド九世王の娘でしたが、アイシャは助けられました。ムレイ・ハセンは家柄の高貴なアイシャを今度は自分の妻としたのです。

この頃、歳取ったサード王と息子たち、ムレイ・ハセンとアル・サガルはがっちりと組み合っていて、息子たちは父から王位を奪おうとしている人物を次々に処刑していきました。

2 驚きの「アベンセラーへ事件」

確かに、ユースフ二世の孫たちの中で残っているのはサードだけであり、かつ、息子たちの働きもあって、王位を正当に継承できたのです。

気になる人物と言えば、新しくカスティーリャ王となったエンリケ四世ですが、この王は先代フアン二世とは異なり、戦略に猛《たけ》る人物ではなく、また、何がなんでもイベリア半島からイスラムを追放するという強い意志をもった人物でもなかったのです。どちらかというと、イスラムの文化や生活様式を好むところがありました。そんなことから、このサードが二度目の王位に就いてからの七年間は、静かな日々が送られていたのです。

ところが七年ほど経った一四六二年のこと、しばらく鳴りを潜めていたアベンセラーへ家に関して事件が起きました。

グラナダの沃野を守るために、それぞれの地域をパトロールするというのは、通常行なわれていることでした。しかし、近頃アベンセラーヘ一族がサード王の暮らす宮殿の周囲を自らの家の旗を掲げながらパトロールをしていることに気づいたのです。数人が見回っているのではなく騎兵中隊が軍旗とともに回っているのですから、これは明らかに王家への威嚇でした。もちろん、サード王や息子たちや王党派の人物たちもこれに対抗して、自分たちの護衛隊を巡回させました。

そのうちこの勝手なパトロールは他の貴族たちにも伝染し、それぞれが勝手に軍隊を出してあちこち歩き回るようになっていったのです。

サードと息子たちは、彼らの動きの中に危険を感じていました。武力でサード一族を王位から追い落とそうとしていることが見えてきたからでした。すぐに何かやらねばならない、自分たちが処刑したムハンマド一〇世のようになりたくはなかったのです。

サード王の日々は終わりに近づいたように見えてきました。アルハンブラ宮殿近くのアルバイシンの町は、今やアベンセラーヘ一族が支配しています。それなのに王とその一族、信奉者たちは、アルハンブラに閉じ込められているということになるからです。

サードと息子たちはアルハンブラの一室に集まりました。サードはもう自分はいい年齢だし、と諦めていたのです。退位を迫られることは時間の問題でした。アル・サガルは成人になったばかりで、どうしたらよいのかと父と兄を見つめていました。ムレイ・ハセンは、これは長男の自分

が決めるときであると考えていました。そして部屋を出て臣下を呼び、
「アベンセラーヘ一族を探し、サード王は退位を決めていると伝えよ」
と命令したのです。

やがてアベンセラーヘ一族は宮殿に招かれました。皆、年老いたサード王がどのように決断したのか、すぐに退位をするのか、王国を放棄するのか、何か条件を出すのか、いずれにしても今日で全ては変わる、我がアベンセラーヘ一族の思いのままになるのだと思っていたのです。アベンセラーヘ一族の何人かは、一人で考えに耽《ふけ》りながらアルハンブラへの坂を登ってきましたし、多くの人たちはグループで会話などをしながら坂を登ってきたのです。

王家の三人は、招待したアベンセラーヘ一族を、アルハンブラ宮殿の柱廊のところで穏やかに待っていました。一族を愛想よく迎えましたが、それは、王位から退く時に慈悲を懇願するためのものでした。

ムレイ・ハセンとアル・サガルはアベンセラーヘ一族をライオンの中庭に優しく導くと、豪華な一室に招き入れ、その部屋は厚いカーテンで装飾されていたのですが、カーテンから離れたところに案内しました。しばらくするとサード王が威厳を持って現れました。王に対してムレイ・ハセンは会釈をし、重いカーテンを掴んだのですが、それが合図でした。カーテンの後ろから王党派の臣下たちが現れ、殺戮が始まったのです。王党派は、サード王の武装した奴隷たちで、こ

れは突然のことだったのです。

アベンセラーへの一族はこうして殺害されました。その血は床に、壁に、天井に飛び散ったといいます。これが伝説の「アベンセラーへ一族殺し」で、一四六二年七月のことでした。アルハンブラ宮殿のライオン宮に「アベンセラーヘスの間」がありますが、この殺戮のあった部屋だったのです。

3　どこからともなく、イスマイル四世

アベンセラーへ一族の全ての人物がこの事件で殺害されたわけではありません。一部のアベンセラーへ一族は逃げ延びて、マラガやカスティーリャに行ったのです。そしてそれらの地で、憎きサード王に代わる候補を探したのです。

カスティーリャに行った人たちは、エンリケ四世に頼み、グラナダ王家の血を引く王子を探しました。以前にユースフ五世の兄弟のイスマイルはカスティーリャ王フアン二世の宮廷にいましたし、ここカスティーリャ宮廷では、将来役に立つこともあるだろうと、グラナダ王国の血を引く人物を大切に保護していたのです。するとエンリケ四世の宮廷にもいました。今度も、イスマイルという名の王子でした。ただし、グラナダ王家の〈大系図〉の中で、どこの誰とどのような繋がりがあるのかは分かりません。

この一四六二年には、グラナダ王国にとって困ることが続いていました。アベンセラーへ事件の起こる以前の四月には、後にカディス侯となるロドリゴ・ポンセ・デ・レオンがマドローニョの戦いでグラナダ王国に大勝利をおさめていました。そしてアベンセラーへ事件後の八月にグラナダはジブラルタルを失い、九月にアルチドナを失ったのです。アルチドナは、アンテケーラとロハの中間に位置しているのですが、実はサードはこのアルチドナで王位を宣言しており、サードにとってとても大切な、まさに自分の土地でした。サードはグラナダを捨ててイリョラに向かったのです。

そこで、このどこの誰だかはわからないのですが、王家の血を引いているとされるイスマイルがエンリケ四世の元でグラナダ王であると宣言し、イスマイル四世として王位に就いたのです。しかしこの王は少しして亡くなり、在位はほんの数か月でした。

4　サード王、なんと三度目

こうしてサードは三度目の王位に就くのですが、サード王の二度目と三度目の王位の間に登場したイスマイル四世はわずか数か月の在位でしたし、特に何をしたという実績もないので、この王様の存在をなかったものとしても、多分歴史に変わりはないのでしょう。

とにかくサード王は復位しました。しかし、すでにジブラルタルとアルチドナを失っています。これらの町をもう少し見てみます。

ジブラルタルがいかにその周囲の国々にとって重要な地点であるかは、今ではもう常識かもしれません。一三世紀からマリーン朝が支配し、やがてキリスト教国側になり、またマリーン朝が支配し、今度はカスティーリャ王アルフォンソ一一世が包囲し、そして、やっとムハンマド五世王の時にナスル朝のものになっていたのですが、今度は九〇年ぶりにカスティーリャが占拠したのです。今回は、カスティーリャ貴族のメディナ・シドニア公とアルコス伯による征服でした。国王の軍隊ではなかったのです。そのくらい、カスティーリャで貴族の力が大きくなっていたのです。ちなみに「カスティーリャ貴族のメディナ・シドニア公」とは、第2章で登場した「善人グスマン」の子孫です。ここでも活躍したのですね。

では、アルチドナとはどんな町なのでしょう。イスラムがイベリア半島を支配し始めた八世紀頃から中心的な町の一つでしたが、ナスル朝グラナダ王国に組み入れられてからは、新たに経済の発展が著しかったのです。そして、サード王がこの町で王位を宣言したというだけでなく、一四一〇年にアンテケーラがカスティーリャの支配下に入ると、アンテケーラの住民の多くは隣町のアルチドナに移ってきたのです。そのアルチドナまでがカスティーリャの支配下となったのですから、サード王が落胆し、がっくりくるのも無理はないのです。

これらの重要な町を失い、弱気になったサード王は、翌年にカスティーリャに休戦を申し出ています。息子ムレイ・ハセンにすれば、「自分の番が来た」という気持ちだったのでしょう。そして今度はアベンセラーヘ家と手を結んで父を退位させ、投獄したのです。

以前より、サード王の時代といっても実権は息子のムレイ・ハセンにありました。「アベンセラーヘ事件」の時、心の中では「そろそろ父に退位をしていただこうか」と考えていたのかもしれません。

「アベンセラーヘ一族を殺戮するのも良し。会が何事もなく進み、その結果皆が予測した通りに、あるいは皆が期待した通りに父サードの退位式となり、そのまま父が退位するのも良し」と、どちらに転んでも良し、という目論見《もくろみ》があったようにも思われます。

年老いたサード王は投獄の半年後に死去します。

5　カスティーリャの様子

サード王は、カスティーリャの助力を得たいがために大切な息子ムレイ・ハセンを人質としてカスティーリャ宮廷に置いてきましたね。一度目のサード王の時代です。また、カスティーリャ宮廷では、保護を求めてきたグラナダの王族を「まさかの時のために」と大切にしています。

グラナダ王国でムハンマド九世「左利き王」が亡くなって、ムハンマド一〇世「少年王」とサード王が王位を得ていた一四五五年頃、カスティーリャでは長かったファン二世の時代が終わって、息子エンリケ四世の時代になっていました。


エンリケ四世は、王位に就いてふと南の国を見て嬉しくなったのです。

「グラナダ王国には『少年王ムハンマド一〇世』と『サード王』と二人の王がいるではないか。サードが援助を頼みにきたようだな。息子のムレイ・ハセンをこちらに置くとのことか。喜んでお助けしよう」

エンリケ四世は、覇気のある王様ではありませんでした。が、グラナダから転がり込んでくる人物を支援してグラナダが勝手に弱体化していくのなら、願ってもないことでした。サードを援助したのも、サードを「カスティーリャの操り人形」にしたいという思いがあったのです。

このようにして一四五五年頃、サード王はカスティーリャの臣下として休戦協定を結んでいましたが、このような協定は守られず、グラナダはハエンを攻撃したのです。するとカスティーリャはマラガ沿岸を攻撃し、戦利品を持ち帰り、新たにグラナダと休戦協定を交渉し、その保証のために税金の額を決めたのです。サード王も支払いのために土地や家を売却しています。

ところで、このカスティーリャ王エンリケ四世は、イスラムの習慣を好みました。例えば、臣下にイスラムの警備隊を使い、彼らに高額の給料を支払い、イスラムの王族たちと同じものを食べ、同じものを着て、食事は椅子に腰掛けて取るのではなく床に座って食べるため、テーブルもそのために高さの低いものを用い、そして怪しげな取り巻き連中に囲まれている、というのが日常のエンリケ王の生活でした。以前はグラナダ王国の町だったアンテケーラにも、ぶらりと気まぐれに出かけたりしていたのです。

エンリケ四世は説得力のある答えを出せる人物ではなく、カスティーリャ貴族たちはその力を増していきました。エンリケ四世にその統治を任せられないと思った貴族たちは、弟のアルフォンソ王子を王にしようとします。

ここで有名な茶番劇が起こるのですが、それは「貴族たちが藁で王の人形を作り、それに矢を放って王を倒し、弟のアルフォンソ王子に王冠を被せる」という劇のようなことを本当に行なったのです。

反エンリケ派の貴族たちが王弟アルフォンソを巻き込んで行なった儀式でした。アビラで行なわれたために、これは「アビラの茶番劇」と呼ばれています。ただ、人々に望まれたアルフォンソ王子は、この三年後にわずか一五歳で死去します。一四六五年のことでした。

グラナダ王国でムハンマド一〇世やサード王たちが目まぐるしく王冠を争っていた時代、カスティーリャ王エンリケ四世はこんな怪しげな人物で、不安定な政治を担っていたのです。

◆アルハンブラ宮殿（6）　アービングの『アルハンブラ物語』◆

一八二九年、外交官の肩書きを持つ二人の外国人がセビーリャからグラナダに旅をしました。そのうちの一人が『アルハンブラ物語』の著者、ワシントン・アービングです。二〇〇年近く前のことですが、アービングは総督の好意で数か月間を宮殿の一室で過ごすことになります。そして書き上げたのが『アルハンブラ物語』でした。

その中から王様や宮殿についての興味深い話をいくつか、その概略を記してみます。

［旅］

「……われわれはロハという小さな町で、美しい夕暮れの風景を見た。

そこはまた、ボアブディル王の年老いた舅アリアタールの砦があった場所でもあり……。このときは首領の死と、君主の捕虜によって終戦となった」

グラナダ最後の王ボアブディルは、キリスト教徒との戦いに負けて、二度カスティーリャの捕虜になりますが、一四八六年のロハの戦いがその二度目の時でした。二度とも解放されるのですが、条件は厳しく、グラナダ王国はさらに終焉に向かったのです。ロハというと、ボアブディルの義父のアリアタールを思い出してしまいますが、この人のことは、アービングも書いていたのです。

［アルハンブラを訪れた日］

「……われわれの頭上、左手に突き出るようにアルハンブラの塔が姿を現した。これがアルハンブラ宮殿なのだ。……赤い色であるため『ベルメーハスの塔』（赤い城）とよばれるようになった塔だ。しかし、その起源についてはだれも知らない」

アービングの感動が伝わってきます。ベルメハスの塔は、アルハンブラの南側地域と隣接するユダヤ人地区の警備を補う役目で建設され、一三世紀にそれまであった塔の土台の上に再建されたものです。一四世紀になってムハンマド五世によりアルハンブラと繋げられました。そういえばムハンマド四世の高官だったアル・マフルクは「ベルメハスの塔」に閉じ込められていましたが、ここから陰謀を練っていたのでした。

［アルハンブラを築いたムハマド・アブ・アルアマール王］

ムハンマド一世については、第1章でも『アルハンブラ物語』から抜粋しましたが、さらにこんなことも書かれています。

「……アルハンブラ宮殿に一歩入ると、壁に『アブ・アブダラー』という名を刻んだ部屋がいくつもあるのに気づく。これが、ナスル朝の創始者アフマールのことである。

一一九五年、アルホナの名門ベニ・ナスル家の息子。徹底した専門の教育を受けた。

両親は彼を、名門の継承者としてふさわしい英知に優れた逞しい青年に成長するようにと、わざと富からも栄誉からも離れたところにおいて育てた。

要塞司令官に任命され、赴任先のアルホナとハエンで、圧倒的な人気を得た。その頃、ムーアの指導者アベン・フッド(イブン・フード)が死んで、熱烈な歓迎を受けて一二三八年にグラナダ入りした。
王は悩みを持つ者、貧しい者の訴えをよく聞いた。彼らに拝謁を許すだけでなく、貧しい者には金品を与え、悩む者には手をかした。王は盲人や病人・老人のために病院を建てて、どのような人間でも安心して生活できるようにした」

やはりアービングも、ムハンマド一世とはどのような人物か、興味を覚えて調べたのです。『アルハンブラ物語』には、伝説や聞き知った話もたくさん出てきますが、ほとんど歴史、という話もあって、事実に引き戻されたりします。

[コマレスの塔]
「……私は友人を案内するとすれば、まず『コマレスの塔』の高いバルコニーにつれて行きたいものだ。……グラナダの君主たちとその妃たちが、キリスト教徒の軍隊が近づいて来ないかと、注意して見た塔の頂上である」

アービングはコマレスの塔に登れたのです。羨ましい限りです。でも今は観光客も多いし塔の保存が第一ですから、我々が登れないのは仕方がないのでしょう。

[ライオンの中庭]
「……『ライオンの中庭』はアルハンブラの中でも、最もムーアの工芸の技を賛美される建築である。また、ここは残忍な大虐殺が行なわれ、噴水が血で染まった場所なのである。……感傷

に襲われるとき、私は『裁きの広間』（王の広間）と名づけられた広間へ足を向ける」

大虐殺とは、アベンセラーへ事件のことです。ライオン宮でアベンセラーヘスの間を見て、コマレス宮の「大使の間」に向かったのでしょう。玉座に座る王の姿も見えたでしょうか。

［美しい三人の王女の話］

「……グラナダにモハメッド（ムハンマド）という名の王様がいた。彼は左ききだったので、左ききの王様とよばれていたがその言葉の裏には、普通でない王様といった意味も含まれていたようだ。・・三べんも王位を追われた……可愛い三人の王女が生まれた……王は、王女たちをサロブレニャの城で育てることを思いついた」

この王様は「左利き王ムハンマド九世」と思われますが、三人の可愛い王女たちがいたようです。占星術師の言葉に従い、サロブレーニャの城で世間からは隔離されて育ちました。月日が経ち王女たちもお年頃となり、アルハンブラの「王女たちの塔」に暮らすのですが、彼女たちの前に、捕虜となったスペイン人貴族の若者三人が現れました。彼らはベルメハスの塔の牢

王女たちの塔

王女たちの塔の内部

獄で暮らします。やがて、上の二人の王女たちはスペイン人貴族と結ばれましたが、下の王女は決心がつかず、結局「王女たちの塔」で若い命を閉じた、というお話です。

サロブレーニャ、王女たちの塔、ベルメハスの塔など知っている名前が次々登場して、その場にいて各場面を自分の目で見ているような気持ちにさせられる話です。

「左利き王」ムハンマド九世には三人の可愛い王女たちがいたということですが、調べてわかるのは、あの強い強い、ボアブディルの母アイシャだけでした。

［ムーア後のアルハンブラの統治者たち］

「……アルハンブラはグラナダのムーア人たちが築いた古代の城塞と、そこに建造された宮殿のことである。城塞の一部分を除けば、いたる所に塔が散在している。

ムーア華やかな時代、ここに四万人もの軍隊が収容されていたという。

アルハンブラは、キリスト教徒の手に落ちてからは、王室の農園、猟地として維持された。

カルロス五世はアルハンブラの中に豪壮な宮殿を築き始めたが、大地震が何度も起き諦めた。

最後にここに住んだ王は、フェリペ五世とパルマからの王妃。

その後、宮殿は再び荒れ、アルハンブラには守備隊だけが残った」

グラナダが陥落した一四九二年より後の話です。静かに佇《たたず》む宮殿の様子が感じ取れます。

第8章　束の間の回復期

ムレイ・ハセン
俺が全てを牛耳る

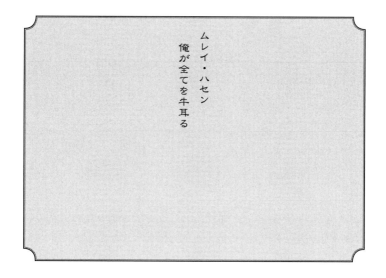

グラナダ王国はどうみてもズタズタになっていたように見えますが、それでも王国は保たれていました。ムハンマド五世が活躍したいわゆる「絶頂期」が過ぎると、グラナダ王国はただただ衰えていったのかと思っていたのですが、そうではありませんでした。

この章は、グラナダ王国が少し国力・勢いを盛り返してきた頃の話で、「束の間の回復期」とでも言えばよいでしょうか。それは、サードの息子のムレイ・ハセンが統治した時代でした。

1　サード王を退位させたムレイ・ハセン

ムレイ・ハセンという名前はキリスト教徒側から呼ばれている名で、アブルハサン・アリーというのが本来の名なのですが、この人は長らくムレイ・ハセンと呼ばれているので、ここでもその名で通しています。

この人は父サードを退位させ、自らの強い王権を築きました。ご本人も二度王位についていますが、最初の王位は一八年間も続き、ここしばらくはお目にかかったこともないほどの長い期間となったのです。「束の間の回復期」でありました。

この間のムレイ・ハセンの周りの出来事に目を向けてみます。

父サードを追放してグラナダ王になったのは一四六四年のことでした。でもこの時、弟のアル・

サガルが兄のやり方に異を唱え、アベンセラーへ家の力を借りてマラガで反乱を起こしたのです。しかし兄ムレイ・ハセンの方が強く、兄に負かされ、それ以上は兄に反抗せず以後は兄王に従うことになりました。宮廷内では、断然にムレイ・ハセンの力が勝っていたのです。

アベンセラーへ家もあちこちに勢力を伸ばしているのですが、元はムハンマド九世を絶対的に推していたのです。例えばムレイ・ハセンの妻アイシャは、アベンセラーへ家から見ると、「故ムハンマド九世の大切なお嬢様であり、我らがお姫様」なのです。ところがその大切な「我らがお姫様」をムレイ・ハセンは大切に扱わないのです。だんだんムレイ・ハセンのことを、とんでもない男だと思うようになってきていました。ムレイ・ハセンに愛想が尽きてくると、アベンセラーへ家はムレイ・ハセンの弟アル・サガルをグラナダ王にしようと企てるのですが、これは失敗します。一四七〇年頃のことでした。

翌年、ムレイ・ハセンのキリスト教国に対する戦いはアルカンタラ騎士団の、つまりキリスト教側の管轄区域にまで入っていきます。

一四七八年になるとムレイ・ハセンは、カトリック両王（イサベル女王とフェルナンド王）に、「臣下として支払う税金を、三年間免除していただきたい」と申し入れています。

2　再びカスティーリャの様子

カスティーリャの話は、前章で一四六五年まで来ていましたが、カスティーリャでもあちこちで対立が起きていました。そして当面の大問題は、エンリケ四世を継ぐ王位継承者は誰かということでしたが、どの王様にしても、王になった時からの最重要課題は、次の王になるのは誰かということなのです。

エンリケ四世は二度結婚をしましたが、男子が生まれなかっただけでなく、どうやら子供を得る能力がなく、不能王という不名誉なあだ名を付されています。それでも、二度目の妻との間にフアナという王女がいるのですが、実はエンリケ王の寵臣ベルトラン・デ・ラ・クエバという見栄えの良い有能な男の子供ではないかと言われており、そのフアナ王女は「フアナ・ラ・ベルトラネハ」と呼ばれ、それは「ベルトランの娘のフアナ」という意味でした。

エンリケ四世は、フアナは本当に自分の娘かどうかわからないし、それなら「イサベルの結婚相手は、このエンリケ四世が決める」という条件で、妹のイサベルに次期王位を継承させることにしました。これが一四六八年に結ばれた「トロス・デ・ギサンド協定」です。

その翌年イサベルは、兄の決めた男ではないアラゴン王子のフェルナンドと秘密裏に結婚します。「トロス・デ・ギサンド協定に反する」と、この結婚を怒った兄エンリケ四世は、次期王位継承者を娘のフアナ・ラ・ベルトラネハにしてしまうのです。そして一四七四年、エンリケ四世は二〇年の統治を終えて死去しました。

当然のようにカスティーリャでは、エンリケ四世の妹のイサベル（後のイサベル女王）と、フアナ・ラ・ベルトラネハとの間で継承戦争が始まったのです。イサベルには夫であるアラゴン王フェルナンドが付き、フアナ・ラ・ベルトラネハには伯父のポルトガル王が付いていました。

一四七六年のトロの戦いでイサベル側が勝利し、一四七九年にアルカソバス条約が結ばれ、カスティーリャの王位がイサベルに来ることが国際的に承認されたのです。ですから、カスティーリャでも一四五〇年代から一四七〇年代は、独自の事情で内紛と内戦が続いていたのです。

グラナダ王国の状況は悪くなっていたのですが、幸運なことに、カスティーリャでも揉め事が続き、しかもエンリケ四世には統治する能力が欠けていたのです。そんなことから、ムレイ・ハセンは一八年も王位を保っているのです。グラナダ王国にとって、まさに「束の間の回復期」でした。

3　キリスト教国の大使と会見

一四七八年のことです。ムレイ・ハセンの全盛期であり、カトリック両王もラ・ベルトラネハとの戦いに勝利し、どちらも良好な状態の時でした。カトリック両王の大使がグラナダを訪れたのです。そして大使がムレイ・ハセン王と会見したのですが、その時の様子が記録されています。

それによれば、このカスティーリャ側の大使の訪問は、グラナダからの税金の未納分を要求するのが目的でした。ムハンマド九世が三度目の王位に就いていた一四三八年、ウエルマの戦いでカスティーリャに大敗北をし、ムハンマド九世はカスティーリャ王の臣下であるという協定を結び、年に金で二万ドブラの支払いを約束したのですが、四〇年経っても支払われていなかったのです。

カトリック両王は「今ならこちらも力がある、今こそグラナダに未納分を要求すべき」と考えました。その大使となったのは、ドン・ファアン・デ・ベラという人物で、父親はサンティアゴ騎士団長という高い地位にありました。騎士団長というのは王族から出されますが、このベラも先祖を辿ればアラゴン王ラミロ一世に繋がります。

そんなベラが、随行員とともにサンティアゴ騎士団長の衣服を着てアルハンブラの坂を登り、エルビラ門を通って宮殿に入ったのです。

そして会見場所はもちろん著名な「大使の間」でした。その豪華で素晴らしい部屋に入ると、自らも高い身分であるのに足が震えたといいます。ムレイ・ハセンはクッション付きの長椅子に座っており、「両王からの書状を読み上げるように」と丁寧に命令しました。大使のファアン・デ・ベラがカスティーリャ語の書状を読むと、通訳がアラビア語に翻訳します。もちろん、その内容は税金の支払いについてでした。

ムレイ・ハセンは静かに聞いていましたが、書状の読み上げが終わり、カトリック両王の要求を聞き終わると、突然獰猛な様子でベラに答えたのです。

「お前たちの王に言いなさい。カスティーリャ王に税金を支払っていたグラナダの王たちは皆、死んだ。我々の貨幣局は今は貨幣を製造していない。その代わりに、甲冑や新月刀や槍を製造している」

大使のファアン・デ・ベラはこれを聞いて驚き、慄《おのの》きました。

「グラナダ王国は今、戦いの準備をしている」

ということを理解したからです。ムレイ・ハセンは大使に土産を用意していました。それは輝く新月刀であり、正真正銘の宝石が嵌め込まれていたのです。


さほど長い時間をアルハンブラで過ごしたわけではないのですが、大使ファアン・デ・ベラは見たものをはっきりと記憶したのです。会見した部屋は素晴らしく装飾されていて、見たこともないほど豪華でした。グラナダの塔や城壁は最近修復したものでした。開けた場所や塁壁の間からは大きな大砲が見えました。兵器保管庫は満杯になっていました。兵士たちは隊長からの命令を誇りに思っているように見えました。騎兵中隊は今すぐにでも出発できるように準備されていたのです。

ファアン・デ・ベラ一行は、いろいろ観察しつつ、また目に入ったものを羨ましく思いながら、沃野をゆっくりと歩きました。上を見ると、どこからでも大きな防衛塔や城、それから城壁で囲われた村や町が見えたのです。

グラナダとの戦争は大変なものになる、そういう印象を持ってカスティーリャに帰っていったのです。そしてこの頃から、本当にムレイ・ハセンはキリスト教国の領土に攻め入り始めるのです。

4　妻と愛人

ムレイ・ハセンの妻アイシャはムハンマド九世の娘で、ムハンマド一〇世妃となっていましたが、夫の「少年王」ムハンマド一〇世がサードとその息子のムレイ・ハセンに殺されると、今度はムレイ・ハセンの妻となったのです。よほど美しくて、アルハンブラの王たちで取り合いをしているのかと思うと、全くそうではないのです。

どちらかといえば全く美しくはなく、男性的で勇壮で、才能も大胆さも姉妹たちより優っており、何事にも強烈で、一旦こうだと決めたなら誰にも止めることはできない、そういう女性でした。普通に考えれば、夫殺しのムレイ・ハセンと無理矢理結婚させられたということなのでしょうけれど、実際は少し異なっています。

グラナダ王家の思いを見ると、「負け組」の二人が結びついたとも言えるのです。

ムレイ・ハセンの父サード王は、本流から離れている無念さを息子に伝えています。

「我々の一族は、王に息子が二人いた場合、一人は王になるが一人は追放される。祖父ユースフ二世には息子が四人いたが、二人は王になり（ムハンマド七世とユースフ三世）、二人は追放された（アリとアフマド）。我が父はその追放されたアリである」

同様のことは、もう一代前にも言えるのです。

「ムハンマド五世には四人の息子がいたが、ユースフ二世は弟たち三人を殺した。ムハンマド九世の父はその殺されたナスルである」

〈大系図〉にはナスルしか載せていませんが、ムハンマド五世には他にサード、ムハンマドという息子たちがいたのです。

ムハンマド九世もサード王も同じように、王家であるのに王位に就く本流ではなく、除かれる側にいたのです。そのムハンマド九世の娘のアイシャについて、サード王はその強い性格にも惹かれ、息子ムレイ・ハセンに伝えます。

「お前は、ムハンマド九世の娘のアイシャを妻に迎えよ。強い娘と聞いている。グラナダで排除され続けてきた悔しさを、アイシャとともに果たせ」

そして一四五五年、「少年王」ムハンマド一〇世が殺害された年にムレイ・ハセンとアイシャは結婚し、数年後には待望の男子、ボアブディルが生まれたのです。当然に王位継承の第一順位です。ボアブディルが誕生した時、もちろんムレイ・ハセンも大喜びしました。「アイシャ、でかした」と満足顔だったのです。

ボアブディルは生まれるとすぐに小児科医のところに連れて行かれ、次いで天文学者、すなわち占星術師のところで占われることになりました。これがアラブの習慣だったのです。占星術師は、ボアブディル誕生時の星の位置を確認し、

「この子は偉大な王になる」

と言いました。そして続けて言うのです。

「しかし、王国を失うことになる」と。

父ムレイ・ハセンは、多分このことが原因でやがて息子を嫌うようになったのです。ボアブディルは、誕生した時に厳しい道を歩み出したと言えるのかもしれません。もしかするとムレイ・ハセンは、本能的に、ボアブディルに代わる男子を欲しかったのかもしれません。

一方、アイシャの願いはただひとつ、このボアブディルをグラナダ王にするということでした。そしてアイシャは正妻ですから、あとは、夫ムレイ・ハセンが「次期王位継承者はボアブディルである」と宣言すればよいのです。

息子ボアブディルがもうすぐ一〇歳という頃、アルハンブラで盛大なセレモニーが開かれまし

た。アイシャは、

「もう、息子ボアブディルに『次期グラナダ王とする』という宣言があってもいいはず」

と期待していたのですが、「次期王位に関する宣言」はされませんでした。

盛大なセレモニーの常で、占星術師が招かれており、特にこのような重要な席での占いは慎重に行なわれ、その結果は重要視されるのです。その占いの結果は、

「二人の王子が星座の中で近づいている」

というものでした。アイシャは飛び上がらんばかりに驚いたのです。

「二人の王子とは、誰のことなの？　我が息子ボアブディルの他に誰かいるということなの？」


その後、とんでもないことが起こるのです。

ムレイ・ハセンは、キリスト教側の領土であるコルドバの近くに侵略し勝利していくのですが、勝利すれば戦利品として捕虜を捕まえ、敗北した側は、捕虜を返してもらうために高額のお金を支払うことになるのです。

捕虜の中に、マルトス城塞主で指揮官のサンチョ・ヒメネス・デ・ソリスの子供たちがいたのですが、そのうちの一人がイサベル・デ・ソリスでした。

どうしたことか、ムレイ・ハセンは、このイサベル・デ・ソリスを一眼見るなり恋に落ちたのです。何という美しさ、けなげさ、品の良さ。イスラムの女性にはないものでした。捕虜たちは

一旦囚われますが、お金と引き換えに一人減り、また一人減り、と本国に返されていきます。しかし、いつまで経っても捕虜であるイサベルの番は来ませんでした。

アイシャは、自分の知らないところで、恐ろしいことが起きているのに気づきます。ムレイ・ハセンはイサベル・デ・ソリスを「囚われ人の塔」に住まわせ、イスラム教に改宗させ、名前をキリスト教名のイサベルから、イスラム名のソラヤに変えさせていたのです。

ムレイ・ハセンは、なんと妻アイシャを離縁し、ソラヤを正式な妻とするのです。それだけでなく、宮廷の高官はソリス家の人たちが占めるようになり、ソラヤの父サンチョ・ヒメネス・デ・ソリスは、大手を振ってグラナダの町を歩くようになっていたのです。そして、ハーレムの指導権を握ったソラヤは、王位継承を自分の息子にしようと企てるのでした。


これは前妻で誇り高いアイシャの最も恐れていたことであり、また、最も不愉快なことだったのです。アイシャは、そもそもムハンマド九世王の娘であり、ムハンマド一〇世王の妻でもあったのです。可愛い息子ボアブディルはムレイ・ハセンの血を引いていますが、あのムハンマド九世王の血も引いているのです。当然にグラナダ王を約束されているのです。

アイシャにすれば、キリスト教徒の捕虜の女を妻にするなど許せることではありません。さらに、ボアブディルという男子を生んでいるのに自分を離縁するなど、あり得ないのです。その上、もしあのソラヤが男子を生んだらそちらに王位が行くかもしれない、許せないにもほどがあると叫びたいのです。そして事実、ソラヤは息子を二人産むのです。

この時から、アイシャとボアブディルは「ムレイ・ハセン憎し」で歩調を合わせ、ムレイ・ハセンを退位させるための陰謀を練っていきます。

ムレイ・ハセンにとっては、アイシャは美人ではない上に強情で、夫である自分の命令に従わず、少なからず辟易していたのでしょう。陰謀を巡らした罪でアイシャとボアブディルをアルハンブラ宮殿のコマレスの塔に幽閉するのです。

しかし、アイシャには常にアベンセラーへ家が付いています。父ムハンマド九世時代からの強い味方の貴族です。アベンセラーへ家の力でアイシャもボアブディルも塔から逃げ出し、ボアブディルはグアディクスで味方を集めるのです。

５　ムレイ・ハセンを振り返って見ると

父を退位に追いやり、美しいキリスト教徒の娘に恋をしたために強い妻を離縁し、カスティーリャの臣下となるのでなくカスティーリャとの戦いを堂々と始めようとするムレイ・ハセン、確かに久しぶりに現れた強い王だったのでしょう。そんなムレイ・ハセンの人物を見てみると。

若い頃から父サード王の軍事作戦を指揮し、サード王よりもずっと人気がありました。多分、王国を統治するのに強い意志力と明確な決断力を発揮しているからでしょう。「アベンセラーヘ事件」ではその首謀者だというのに、父を退位させる時にはアベンセラーヘ家の力を借り、しかし妻アイシャと離縁することでまたアベンセラーヘ家と対立するという、状況次第で敵味方を平気で取り替えています。自己中心的というか、適応力が強いというか、そんなところも民衆には魅力的だったのかもしれません。

宰相には、アブ・カシム・ベネガスという人物を当てています。ベネガスって聞いたような気がするのですが……。ユースフ四世を推したのが、アベンセラーヘ家と対立しているベネガス家でしたね。その中心人物はリドワン・ベネガスで、この人はユースフ四世が処刑された時にカスティーリャに逃げましたが、その息子アブ・カシム・ベネガスは無事にグラナダで生き延びたのです。こういう人物を宰相にするとは、「俺にとってはアベンセラーヘ家もベネガス家も、どうということはないのだ」と高らかに宣言しているのです。

ムレイ・ハセンは、なかなか実行力・決断力に富んだ人物で、政治だけでなく産業の発展に力を尽くし、特にグラナダの農業を発展させました。もともとグラナダには肥沃な土地が広がり、グラナダ沃野と呼ばれています。沃野では豊作が続き、この魅力的な土地にファン二世の率いるカスティーリャ軍はしばしば侵入し、荒らし、火をつけ、破壊していったのです。ムレイ・ハセンはそれを回復しようとしました。

灌漑《かんがい》にも積極的で、ダーロ川から地下を通して水を引いたり、アルハンブラの灌漑用水路を作って治水対策を施したりしています。またこの時代、民衆は農業、工業、商業に従事していたのですが、多くのキャラバン隊が国を行ったり来たりしていて、国は繁栄し賑わっていたのです。

ムレイ・ハセンは乗馬技術も優れており、甲冑姿は凛々しかったといいます。粋でハンサムで、ある時は上品で礼儀正しく、尊大でロマンチックな男だったのです。素直で隠し立てのない、多分あまりに熱情的であり、夢見がちで、分別には若干欠けていたようです。そして、キリスト教国の海岸を征服することを夢見ていたのです。

こんなことからすると、勝手者ではあるものの、大きな事業も強い意志で成し遂げていく人物に思えます。そして見栄えも良く、この人がトップに立てば、人々は少し希望を持てたかもしれません。

そんなムレイ・ハセンの強い個性が、「束の間の回復期」の推進力だったのです。

調べたり執筆したりしながら、ああそうなんだ、と思ったことを拾い集めてみました。

［イスラムの家の話］
イスラムの家の話を見つけました。「アルハンブラ宮殿とは規模も豪華さも全然違うし、全く別物でしょ」と思ったのですが、一つ一つの要素は共通しているように思います。
（1）イスラムの住まいの特徴は、壁がむき出しであること、窓がないこと、道から眺めて中にどんな人が住んでいるのか明らかにわかるような装飾がないこと、です。
外部に向かって開かれている唯一の場所は入口ですが、それは決して直接に住まいには繋がっておらず、入口は常に曲がり角に作られるか、あるいは玄関につながるホールに面して作られているのです。
（2）内部を見ると、どの家にも共通するのは中庭です。そこを通って光や風が入ってくるし、それがあるから各部屋は良いものになるといいます。この中庭の中央には、その家が立派かどうかにもよりますが、普通は水盤か池があるのです。
ある家々は、中庭を二つ備えています。貴族の家や宮殿には、中庭は一つか二つのポルティコ（柱廊、回廊）を小さい側に持っていて、もし大きさが許されるなら、庭園化され、香りの良い植物が植えられ、具体的にはレモンやオレンジャぶどうの木が植えられていました。

（3）招待客を入れる場所は大切な役目をしていました。それは、女性が宗教的な意味から、家に来る知らない男性に顔を見せることはできなかったからです。外界からその姿を隠すためにヒジャーブと呼ばれるスカーフを頭から巻いていたのですが、それでも中庭に面した部屋は家長や一族の男性たちによって占められていたため、女性は通常二階の部屋に、もし二階がなければ中庭の後ろに佇んでいたのです。

（4）イスラムの家の他の特徴は、空間がいくつもの役割を果たしていることでした。部屋には、キリスト教徒の家のように重い家具や大きなものや動かすのに難しいものは置かなかったのです。イスラムでも部屋を飾りますが、それはクッションや敷物や壁掛けなどでした。また、低いテーブル、大箱、戸棚などは置きますが、いつでも動かせるようなものであり、いつでも動かしていたのです。

（5）ナスル朝の家は、次の構成で完璧でした。つまり、L字形に曲がった玄関ホール、主たる部屋、第二の部屋、台所、トイレです。そのためには、五〇平方メートルの空間があれば一応は足りたのです。また、台所は通常外にあり、外といっても普通はテラスにありました。

また、イスラムの家に大切なのは、水とそれを持ってくる水路です。水は、日々の宗教生活を送るために必要欠くべからざる要素でした。さらに、もともとの土地を少しでも良くするために、村や家に水を引くための水路の建設をする方法を探していたのです。

キリスト教徒たちよりも進歩した方法を取り入れており、ローマの都市建設のやり方を真似ていました。そして家々に水が届けられるように準備されていたのです。トイレも備わっていました。便や尿を水で外に出すシステムもできていたのです。トイレは、外の近いところに設置されていたのです。

［王の浴場の話］

一見ライオン宮にあるのかな、とも思えるのですが、「王の浴場」は「コマレス宮の浴場」とも言われているように、コマレス宮の範囲内でした。そもそもイスラムにおける浴場は宗教的義務であって、コーランは、精神の清潔さのためには身体の清潔が義務であるとしているのです。

浴場は普通、四つの部屋に分かれて並んでおり、そのさらに奥には直接は続いていないボイラー室があったのです。

最初の部屋は「休息の部屋」と呼ばれ、乾燥していて、ここで衣服を脱着します。風呂に入る前に裸になる場所であり、風呂を終えるとここに戻って休息します。部屋の両側にはベッドやディヴァンがあり、クッションやタペストリーで覆われていることもありました。特徴的なのは二階建になっていることで、一説によれば、上の回廊には楽士や歌手たちがいてそこで歌ったり楽器を奏でたりしていました。

王の浴場

次の部屋は「涼の間」と呼ばれ、玄関ホールあるいは単に通過する場所で、他の温かい部屋に順応させるための場所でした。小さな水盤があって、これは身体の一部を洗うのに使うためでした。

三番目の部屋は「暖の間」あるいは「蒸気部屋」と呼ばれ、浴場の中央に位置しており、最も重要で最も広いところでした。「王の浴場」ではこの部屋は丸天井で、そこには星形の天窓が作られていました。釜で作られた熱気が地下の導管を通ることで大理石の床が熱せられ、その熱で床の溝を流れる水が蒸気になるのです。蒸気に触れることで皮膚は柔らかくなり老廃物も排出されます。中央の空間はアーチで区切られ、それぞれの側に寝室があり、入浴する者はそこに座ったり横になったりします。すると控えていた奴隷が現れてマッサージをするのでした。奴隷は熱くなった床を歩くので分厚いサンダルを履いていました。いかにも、ここが浴場の中心であることがわかります。

最後の部屋は「暑の間」あるいは「浸かる部屋」と呼ばれ、床全体に導管が巡っていて、部屋中を熱い空気が回っていました。ここでは入浴する者も足を保護するために厚底の履物を用意したのです。この部屋は二つに分かれていて、それぞれに水盤があり、一つにはボイラーから供給される熱い湯が入っていて、もう一つには水が入っていました。

最後の部屋のさらに奥はボイラー室となっていて、浴場の他の部分とは連絡をすることができないようになっていました。そしてボイラー室は外部と繋がっており、「薪売りたちの道」と呼ばれるところに続いていたようです。

「王の浴場」はこんな感じでした。

［医者の話］

医者の名声は、ターバンの高さや袖の長さやその豪華さで確認できたといいます。そして、ある家から次の家に行く時は馬に乗り、使用人や奴隷を大勢連れて行くのです。また、各町には医者の長がひとり存在していたのです。アルハンブラ宮殿にも何人もいたことでしょう。

医者の教育方法は、先生が本の重要な箇所を何度も読み、生徒たちはそれについて意見を言うのです。質問することもできました。そして知識が十分に備わると、実際的な授業で、病人について、その処置法について教え込まれることになるのです。

［本文中であまり取り上げていない、門や塔について］

〈図3〉では、番号付きで門や塔を示しましたが、残念ながら、本文ではあまり触れなかったところがあります。わかる範囲で、それらをご紹介しようと思います。

④**武器の塔・門**　アルカサーバへの主要門となります。防衛用の落とし格子を備えていました。門を入って左に行けば王宮方面、右に行けばアルカサーバへの入り口となります。

⑥**円塔**　クーボの塔とも言います。クーボとは桶《おけ》のことです。これはキリスト教徒による征服後に増築された部分です。

⑨**武器《アルマス》の広場**　主幹道路が中央を貫いています。ベラの塔のすぐ下には兵士たちの浴場、中央通りを挟んで両側には警備隊長や武器職人、鍛冶職人の家などがありました。貯水槽や地下牢もあったようです。

水の塔

⑩雌鳥の塔　ムハンマドの塔とも言われています。貯水池でした。
㉓水の塔　アルハンブラの最南東に位置し、アルハンブラの王家の用水路に入る水の量を調整するためのものでした。
㉔フアン・デ・アルセの塔　この名前の人は、一五四〇年にグラナダ高等法院の聴罪師だったとも言われます。
㉗カピタンの塔　反対側のカディの塔と同じく、支配塔と思われています。
㉘見張り塔　望楼、幽霊の塔ともいわれます。
㉙カベッサの塔　カベッサとは頭という意味で、石に二つの頭が彫られていたことからこの名前がついたようです。刑務所としても使われていました。
㉚アベンセラーヘスの塔　アベンセラーヘ家の宮殿の側にあることからこの名前になりました。
㉛馬車の門　取り壊された塔の上に立ち上げたところで、「カール五世宮殿」を建造するための資材を運ぶ荷車の通路となったところです。そのためでしょうか、スロープが付けられています。
㉟アダルベの庭園　アダルベとは塁壁のことで、塁壁とは城塞上部の通路のことなのですが、

ここは城壁内部と外部を隔てる深い溝となっているようです。

㊱貯水槽の広場（アルヒベの広場ともいいます）窪地でしたが、ユースフ一世により、大壁面が造られました。

何故そういう名前になっているのか、名前の由来など、わかっていない門や塔がいくつもあります。でも、そうはいっても、高い塔や殺風景な城壁を眺める時、何百年も昔に戻ったような、遠い世界に突然降り立ったような、不思議な気分に襲われるのです。

第9章　グラナダ戦争と国家終焉

ボアブディル
二度も捕虜に
ムレイ・ハセン
残念ながら、力尽く
アル・サガル
勇猛戦士だが王には不向き

ナスル朝グラナダ王国は、一五世紀には、三万平方キロメートル、人口三〇万人という大きさでした。ちなみに、グアディクス、バサ、ロハ、アラーマ、ロンダ、ベレス・マラガは約一万人、アンテケーラ、マルベーリャ、コイン、ベレス・ブランコ、ベラは約五千人、田舎の地方にもかなりの人が住んでいて、アルプハラには約五万人がいたそうです。少数ですが、イタリア人やジェノバ人もいて、商業に従事していました。

金持ちは大邸宅に住み、グラナダやマラガやアルメリア郊外にいました。手工業者たちは、特別な道路沿いや地区に住んでいました。

こんな感じのところでした。しかし一四八〇年代に入ると戦争が始まります。そして一四九二年にその歴史を閉じるのです。この王国最後の一〇年余りを年毎に追っていこうと思います。

1　突然の攻撃開始

［一四八一　サアラ］

一四八一年、ムレイ・ハセンのグラナダ軍が突然にサアラを攻撃し、カスティーリャの守備隊を追放し、サアラを奪取します。「サアラを奪取」というと一言で終わってしまうのですが、実はこの一四八一年のグラナダ軍のサアラ攻撃をもって、グラナダ戦争の開始とされているのです。ですからこの攻撃は、歴史上大変な出来事の一つなのです。

サアラはもともとナスル朝の重要な前線の要塞でした。そこを一四〇七年にフェルナンド・デ・アンテケーラが奪いキリスト教徒側の町としたのですが、グラナダ王ムレイ・ハセンからすると、なんとしてもサアラを取り戻し、自らの存在を高らかに歌い上げたいのです。サアラ奪取後、

「サアラは我がグラナダ王国に戻ってきたぞ。このムレイ・ハセンに不可能はないのだ」

と大声で叫んだことでしょう。

しかしカスティーリャ側にしてみれば、以前はともかく、ここ七〇年以上もサアラはキリスト教の町となっていたのです。そこをムレイ・ハセン軍に取られたのですから、カスティーリャの気持ちは収まりません。

サアラの不名誉を報復するにはどこの町を攻めるべきか。ここでもカディス侯ロドリゴ・ポンセ・デ・レオンが登場し、セビーリャ行政長官ディエゴ・デ・メルロとも相談し、アラーマを取りに行くと決まったのです。そして翌一四八二年、本当にアラーマを奪取したのです。

［一四八二　アラーマ］

アラーマはグラナダから五八キロほどのところにあり、グラナダ王国の中で、もっとも美しくもっとも豊かで、よく守られている町の一つでした。カディス侯と彼の軍隊は戦利品を多く得ました。大量の金、銀、宝石、絹、小麦、オリーブ油、蜂蜜などを手に入れ、捕虜になっていたキリスト教徒を解放したのです。

確かにアラーマはグラナダ王国にとって主要な町でした。マラガやロンダに通じる重要拠点だったからです。

この事件のことを歌ったロマンセがあります。例えば、「ムーアの王は散策していた」と題されたロマンセは、

ムーアの王はグラナダの町を散策していた
手紙が届いた
アラーマがキリスト教徒の手に落ちたと
おお、私のアラーマよ
王はアルハンブラにいたが
すぐに、戦闘用の太鼓をたたけ
ラッパを鳴らせと命じた
おお、私のアラーマよ

と続いていきます。アラーマを奪取されたことは、グラナダ王国にとっては耐えられない屈辱と悲しみだったのです。

グラナダは、このアラーマを何がなんでも取り戻そうとします。

「金で三万ドブラとサアラの町とキリスト教徒の捕虜を渡すので、アラーマの町を返還してほしい」

取ったばかりのサアラの町まで返すと言ったのですが、この取引にカスティーリャは応じませんでした。そして、アラーマ市長に就いたのはテンディーリャ伯イニィゴ・ロペス・デ・メンドーサで、この人は、後にアルハンブラ宮殿が開城した時に最初に入城した人物です。


この一四八二年には、カディス侯はアラーマから近いアハルキアとロハも攻撃しますが、こちらは失敗しました。


ロハの城は九世紀のカリフ時代に岩の上に建てられたもので、その城塞主はアリアタールという猛将でした。年老いていましたが年齢の割にはとても強く、しかも抜け目なく、軍隊はきちんと訓練されていて献身的にアリアタールに従っていたといいます。また、アリアタールはグラナダ王国の第一執事も務めており、主席執行官でもありました。

「カスティーリャに『大将軍』と呼ばれるゴンサロ・フェルナンデス・デ・コルドバがいたのなら、グラナダにはアリアタールがいた」

と言われ、あのカスティーリャの英雄「大将軍」と並び称されているのです。

実は、このアリアタールの娘モライマがボアブディルの妻となっています。ボアブディルは美しいモライマを見るやいなや恋に落ちたと言われ、ボアブディル二〇歳、モライマ一五歳の時に結婚しています。モライマの美しさについてグラナダ側からは、

「顔立ちは賞賛に値するほど美しい。また、幾重にも重なった衣服の上からでも、その豊かな肩、腕、ウエスト、ヒップなどの輪郭が見て取れる」と絶賛されています。

そんなアリアタールの守るロハの町は、強かったのです。

カスティーリャ軍はロハを手に入れることはできず、残念なことにここでカラトラバ騎士団長を失うことにもなったのです。

グラナダ王国から見ると、サアラを取って、アラーマを失い、アハルキアとロハは守り抜いた、ということでしょうか。

2　一四八二年、王位はボアブディルに、しかし捕虜となる

グラナダ国内では、カスティーリャとの戦いで得られる利益は少ないと対立が起きてきました。サアラを取ってアラーマを失うのでは意味がない、ということなのでしょう。この年、息子ボアブディルによってムレイ・ハセンは退位させられるのです。アベンセラーへ家がボアブディル側についたとされています。こうして一四八二年、ボアブディルは、母アイシャの望む通りグラナダ王となりました。二三歳の若いグラナダ王の誕生でした。

このムレイ・ハセン王からボアブディル王への交代を以て、第8章の「束の間の回復期」は実質的に終わりとなります。

ボアブディルに王位を追われたムレイ・ハセンと弟のアル・サガルは、まずレクリンの町に避難し、次にモンデュハルの要塞に逃げ、最後にマラガに行ったのですが、このマラガでムレイ・ハセン軍はカスティーリャ軍と戦い勝利するのです。

それを知ったボアブディルは、とんでもない誤解をしたのです。

「私は、父ムレイ・ハセンと叔父アル・サガルの合同軍に勝利した。その彼らがカスティーリャ軍に勝利したのであるから、私の軍はカスティーリャよりもどこよりも、最高に強いのである」

［一四八三　ルセナ］

その勢いで、ボアブディルはカスティーリャの町ルセナに攻め込み包囲しました。ルセナは一三世紀にはカスティーリャ王フェルナンド三世が征服し、その後もカスティーリャで大切な土地として貴族の手に渡り、その後町の一部はイスラム勢力下ともなっています。アリアタールの支配するロハの町とは数十キロ離れているだけで、ルセナの一部は「アリアタールの果樹園」とも呼ばれているのです。

ボアブディルはこのルセナを攻撃するのですが、敗北してしまいます。それどころか、百戦錬磨の将軍である義父アリアタールを失い、さらに、ボアブディルはルセナ近くでキリスト教側のカブラ伯に捕まり、捕虜となり投獄されてしまうのです。これが一四八三年四月のことでした。

これには逸話が付随していて、ボアブディルは自分の軍隊と共にエルビラ門を通ってグラナダの町から出たのですが、その時に軍旗が門のアーチにぶつかったのです。これは不吉な予兆でした。さらにベイロ川の流れに到着すると、そこをキツネが横切り、砲を打ちましたがキツネに当たらず逃げられたのです。これも凶兆だったのです。その嫌な予感を持ったまま戦いに負けたのでした。

敗北した息子をなんとかせねばと、八月、母アイシャはコルドバでフェルナンド王と会見しました。母は協定に漕ぎつけることができ、息子ボアブディルを解放することができたのです。その時の協定は、

カスティーリャ王は、ボアブディルをグラナダ王と認める
カスティーリャとムレイ・ハセンとの戦いでは、ボアブディルはカスティーリャを援助する
ボアブディルはカスティーリャ王の臣下として服従する
人質として、ボアブディルの息子アフメドをカスティーリャ宮廷に渡す

ボアブディルはカスティーリャに、金で一万二千ドブラを支払う

「カスティーリャ王フェルナンドから息子ボアブディルをグラナダ王と認めてもらえるなら、そして息子ボアブディルが解放されるのなら、なんでもいたします」

と言っているかのような協定でした。

ボアブディル本人ではなく、強く逞しい母がカスティーリャ王フェルナンドと向き合って交渉を重ねたという図式が何とも面白く、グラナダ王国の近未来を語っているのです。

3　一四八三年、王位は再びムレイ・ハセンへ

解放されたボアブディルは、すぐさまグアディクスに戻り、父への反乱を開始します。今度の戦いは「ボアブディル＋カトリック両王」対「ムレイ・ハセン＋アル・サガル」という図式になるのですが、アル・サガルは、「勇猛な」とも呼ばれています。ボアブディルはこのアル・サガルに勝てず、グアディクスの要塞を失い、一方、ムレイ・ハセンは再び王としてグラナダに戻ったのでした。一四八三年でした。

4 カトリック両王の軍隊

カスティーリャでは、イサベル女王とアラゴン王フェルナンドが共同で統治をしていました。ちなみにこの二人のことは普通カトリック両王と呼びますが、「カトリック両王」とは、グラナダ王国が降伏した後に、ローマ教皇アレハンドロ六世から贈られた称号なのです。ということからすると、今の時点で「カトリック両王」と呼ぶのは、厳密には正しくないのですね。

それはそうとして、彼らの軍隊は、どのようなものだったのでしょう。

カトリック両王の統治中、軍隊は三ブロックで形成されていたと言います。

まず、王の軍隊。これは「古い親衛隊」とも呼ばれ、以前からあるものでしたが、ここへ来てその数はかなり増えていました。皆給料を得ていて、約二万人の歩兵と騎馬兵がいました。一〇〇人槍兵隊を統率する指揮官で構成されてもいて、これが、のちにサンタ・エルマンダーという自警組織となっていきます。砲兵も加わっていました。

次に、騎士団の軍隊。これは貴族や高位聖職者で構成されていて、教会関係や貴族を合わせて二万人ほど。騎馬兵、歩兵、石砲兵などがいました。

三ブロック目は村や町の軍隊で、種々多様な人がいたようです。二万五千人程度でした。

また、グラナダ王国を攻撃する拠点として、西のエシハ、中央部のハエン、東のロルカに軍を置きました。

このグラナダ征服では、最初は三万人だった兵士たちは、最後の頃は六万人に増えていました。四万人は元々軍人で、一万人は騎兵で、残りは補助兵で、塹壕を掘る工兵や職人や衛生兵でした。それとは別に、数千人のスイスの傭兵がいました。彼らは当時、最も強いヨーロッパの歩兵だったのです。

他にもカトリック両王は新しいことをしていました。

例えば軍事行動や野戦の伝令集団を作りました。ここには五万頭のラバがいて、軍隊の食料供給の運搬をしていました。必要なものを必要とする場所に運搬したり、軍需品を運んだり、荷車では行けない場所に物を動かすのに、このラバたちは適していました。当然にラバのための飼料担当が何千人も雇われ、彼らは毎日、この荷役用の家畜に餌を与え続けていたのです。

衛生兵集団も作りました。実際、初めての野戦病院を作っています。

またカトリック両王の軍隊には、多くの大砲がありました。二〇〇門以上あったようです。大理石の玉や鉄の玉や可燃物の玉を発射したのですが、この大砲団には、多くのドイツやフランドルやブルゴーニュの熟練者たちが雇われていました。城壁を破壊し、グラナダの要塞を一つ一つ降伏させるのに決定的役割を果たしていたのです。

唯一の面倒な問題は大砲が重いことで、動かしたり設置したりするのは大変でしたが、そのための六千人もの工兵がいたのです。この大砲隊がいたことが、グラナダのレコンキスタを決定的にキリスト教側に有利に運んだのでした。

そして、グラナダ王がボアブディルか、再びムレイ・ハセンかというちょうどその一四八三年、グラナダ近くのサンタ・フェという町に、カトリック両王は一時的な野営の陣を張ったのです。ここからグラナダの様子を窺うためです。もうグラナダを離さない、グラナダの出来事は逐一我らの手の内にある、という両王の強い意志を示すものでした。

グラナダ王国からすると、実に不安な気味の悪いものだったのです。

［一四八四　アロラ］

ところで、イスラムに突然攻められてキリスト教側が唖然としてしまったあのサアラの町はどうなったかというと、二年後にカスティーリャが取り戻し、一四八四年にはアロラもキリスト教の町になったのです。一四八二年から一四八五年にかけてフェルナンド王は、グラナダ王国の西半分の主要な町々を征服し、全体的には、カスティーリャの勢いが優っていたのです。

５　一四八五年、王位はムレイ・ハセンからアル・サガルへ

一四八三年に王位は再びムレイ・ハセンの頭上に戻りましたが、この時期、グラナダ王国に明確に一人の王がいて、その王の命令系統が明確になされるという状態ではありませんでした。

戦いもあちこちで起こり、例えば、カスティーリャのカディス侯はマラガでグラナダ軍に敗北し、カスティーリャはアロラをキリスト教側にし、マルベーリャの町をフェルナンド王が占領し、グラナダ王によりモクリンでカブラ伯が敗北し、フェルナンド王がセテニルを占領し、しかしロハではまたもや敗北などと、どこでどちらが勝利して、どこでどちらが敗北する、という日々が続いていたのです。

そんな日々の中、活動的で勇敢で決断力があったムレイ・ハセンも力尽きてきたのです。すっかり歳を取り、老いていました。弟アル・サガルに、後は任せる、と告げてムレイ・ハセンは亡くなります。一四八五年でした。こうして、アル・サガルが王位に就いたのです。

この一四八五年から、「グラナダ戦争の第二局面」が開始されたとされています。

さすがにアル・サガルは、「勇猛な」「同時代の優れた戦略家の一人」などとされていますが、アルメリアではボアブディルとキリスト教徒の両方と戦って勝利しています。また、グラナダに戻っていたボアブディルをグラナダから追放して、ボアブディルはカスティーリャに避難する羽

目になりました。

［一四八五　ロンダ］

一四八五年、フェルナンド王は長期の包囲の末にロンダの要塞を落としました。ところが、ロンダの征服が他の町へ波及し、戦わずに降伏する町が出てきたのです。

［一四八六　ロハ］

一四八六年に入ると、グラナダは、アル・サガルとボアブディルとカスティーリャの三者乱れての戦いのようでした。

ボアブディルはアル・サガルを君主として認め、自分は王国の東部に戻って、ウエスカルで王として認知されました。しかし、王国に二人の王がいるのは国が破壊されていることであり、イスラムの法学者たちは、ボアブディルに圧力をかけてきます。

そこでボアブディルは王位を諦めロハに移ります。ロハではボアブディルの権力が保たれていました。この町は、ボアブディルの妻モライマの父アリアタール将軍が長年城塞主をしていたところだからです。アリアタールはボアブディルがルセナを攻めたときに九〇歳くらいで戦死したのですが、ロハの町はその故アリアタール将軍の力により、今でもボアブディル派だったのです。

一方カトリック両王は、アル・サガル派の要塞を占拠するためにボアブディルを援助して利用していたのですが、ボアブディルがロハに立てこもっていることを知るとロハを包囲し、ボアブディルはここでも捕虜になってしまいます。ルセナに続いて、二度目の捕虜でした。ここでもボアブディルは解放されたのですが、それにはまたもや条件が付いていました。今回の条件は、

グアディクスなどのいくつかの町を今後八か月間で征服できたならこれらの町を与える

という、美味しいような不可能なような条件だったのです。

カトリック両王は、ボアブディルに常に内戦に関わっていてもらいたかったのです。それがグラナダ降伏への近道だったからです。

6　一四八七年、ついにグラナダ王国最後の王ボアブディル

一四八七年、フェルナンド王の援助のもとボアブディルは内戦を続けているうち、グラナダのほぼ全土はボアブディルが掌握するところとなったのです。四月、ボアブディルは再びアルハンブラに返り咲きました。グラナダがキリスト教徒の手に落ちたのは一四九二年の、それも一月のことなのです。ですから、あと五年弱しかありません。

［一四八七　マラガ］

一四八七年、ボアブディルがアルハンブラに入るかまだ入っていないかというとき、フェルナンドはマラガの近く、ベレス・マラガを攻撃したのです。この町はアル・サガル派の要塞であるため、ここを落とすことはマラガを落とすことにつながります。

そのとおり、次はマラガの攻略に取り組むのですが、マラガにはヒブラルファロ城とそれに続く堅固な要塞があります。町の司令官はハメット・エル・セグリと言い、名前のとおりセグリ家の人物でした。セグリ家はずっとアル・サガルを応援していますが、ここでもアル・サガルに忠実で、町をカスティーリャに渡すなどとは考えたこともなく、カスティーリャ軍に対して激しく抵抗を続けたのです。

フェルナンド王は、キリスト教軍の艦隊に港をブロックさせ町とその周囲を包囲しました。食料や武器の援助ができないようにするためでした。イサベル女王は、この戦いは長くなるかもしれないと、兵士たちの士気を高めるために野営地にやってきたのです。兵士を鼓舞しよう、兵士たちに決定的な信頼と安全を伝えよう、その意志で来たのでした。

マラガの首領に、カトリック両王は何度も降伏を提案しますし、実はボアブディルも降伏を持ちかけるのですが、首領はそれを拒否し続けます。その間、アル・サガルはなんとかマラガに援軍を送ろうとしているのです。

ある時、一人の捕虜らしき人物が、改宗者のふりをして包囲を通り抜けイサベル女王の天幕に入り、一人の女官を剣で突き刺して殺したのです。イサベル女王と間違えたのでした。そのイスラム教徒は、もちろんフェルナンド王の激しい怒りに触れ、大砲の口に結びつけられ発砲され、その遺体の切れ端は包囲された町中にばら撒かれたのです。

大砲での攻撃は繰り返されました。城壁には亀裂が入り始めましたが、包囲されたマラガ軍のところにはいつまで待ってもアル・サガルの援軍はやってきません。

マラガの首領も、これではダメだと思ったのです。やっとフェルナンドの軍に対して降伏の話し合いを持とうとしましたが、カスティーリャ側の提案をことごとく拒否してきたマラガの町に対して、フェルナンドの出した結論は、

「無条件降伏以外の降伏はない」

でした。その言葉通り、一四八七年八月、マラガは無条件降伏となったのです。

フェルナンド王の処置は厳しく、キリスト教徒でイスラムに改宗した者には処刑を、異端に戻ったユダヤ人には火刑を、残りの住民たちは奴隷として売ったのです。

カトリック両王の示す降伏条件は、そのスタイルがはっきりしていました。すぐに降伏した町には寛容を示して、住民たちが他所に移る場合には全財産を持ち出すことを許可しています。しかし反抗した町には恐ろしく残酷に毅然とした処置をしています。

残るはグラナダ王国東部でした。具体的にはバサ、グアディクス、アルメリアの征服であり、これらの町はアル・サガルの保有する土地でした。特に、マラガがキリスト教側の町になってしまうと、グラナダ王国に残された港はアルメリアだけとなります。港町は、一方からはどうしても欲しい町であり、他方からはどうしても渡せない町なのです。しかし翌一四八八年、ペストが流行したことにより、この年のカトリック両王の動きにはブレーキがかかりました。

［一四八九　バサ］

一四八九年に入ると、カトリック両王の目的地はバサとなったのです。五月、バサへの攻撃が開始されました。周囲の沃野を破壊して町を包囲し、六千人の兵士で要塞の周囲に壕を掘り、柵を強化し、大砲も使いました。

包囲は六月から続いているのですが、一〇月になると町は孤立状態でした。一一月にはイサベル女王が野営地に来ます。兵士たちの士気を高めるためでした。これは大成功だったようで、この直後にバサは降伏します。

バサを手に入れたカトリック両王は、いつもの入城の時と同じように、勝利の鐘の音の中、礼砲を響かせながら隊の先頭に立って町に入りました。バサの市長は実はアル・サガルの従兄弟にあたり血縁関係者だったのですが、マラガの守備隊とは全く異なり、カトリック両王を丁寧に迎えました。配慮が溢れており、カスティーリャの支配下に入りたいという望みを静かに表明し、礼儀正しさを尽くしていたのです。

町をカトリック両王に渡した後、バサ市長はグアディクスのアル・サガルを訪問しました。キリスト教国の王に従うようにと降伏を促したのです。カスティーリャ王家の強さに抵抗することは不可能であるとアル・サガルを諭したのです。すでに戦意を失くしていたアル・サガルは、一二月にはアルメリア、すぐ後にグアディクスをカトリック両王に明け渡すことになるのです。

バサ、グアディクス、アルメリアとその周囲の主要な都市はカトリック両王に降伏する、ということがアル・サガルと合意されたのです。

協定が終わるとカトリック両王は、休息することも疲れ切った軍隊を休ませることもせずに、フェルナンドを先頭にイサベルを後衛隊に置いて、バサの城門を出て行ったのでした。

カトリック両王は、こうしてアル・サガルが降伏した町を順に受け取っていったのです。これらの町に住む人たちには、バサと同じく寛大な条件が適用されました。

イスラム教徒のうち、望む者は自分の財産を持ってアフリカに去ることが許されました。アル・サガルも財産の全てを持って北アフリカのオランに亡命します。

残るは、グラナダの町だけでした。

［一四九二　グラナダ］

一四九〇年、アル・サガルはアフリカ北西部のマグレブ地方に移住しましたが、持ち出した財産をフェズ王に全て奪われ、貧困のうちに亡くなりました。

グラナダ王国では、ボアブディルと王位を争ったムレイ・ハセンもアル・サガルももういなくなっていたのですが、そうなってみると、とてもカスティーリャ王と太刀打ちできるものではないと、やっとボアブディルにも実感を伴ってわかってきたのです。というのは、フェルナンド王とは、グラナダ王国の東部の領土について、手に入れたらそれはボアブディルに渡すという約束をしていましたが、その約束は早速に破られてしまっていましたし、それに不満を述べる手立てもないのです。どこからどう見てもこれ以上は戦えない、とボアブディルは観念しました。


一四九一年、まだ戦いは続いています。イサベル女王がカスティーリャ軍の野営地に到着すると、戦いは再び活気付いてきました。野営地ってどこなのでしょう。一四八三年、グラナダ近くのサンタ・フェという町に、カトリック両王は一時的な野営の陣を作りました。残るはグラナダのみとなると、この野営地は大きな意味を持ってきます。

ところが七月、サンタ・フェの女王の天幕で火事が発生し、キリスト教軍野営地のほとんどが破壊されてしまいました。女王はこの火事に落胆することなく、

「同じ場所に、火災が起きないような堅固な都市を築きましょう」

とプラスに考えました。サンタ・フェは、ここからグラナダの様子がわかるとともにグラナダからもサンタ・フェの様子がわかるのです。ここに野営地ではなく、頑健でちょっとやそっとで

はびくともしない本物の都市を築くことが重要だと考えたのです。

こうしてサンタ・フェの野営地は都市に変貌しました。この新しくできた都市を、グラナダ人は城壁の中から見て驚きました。

「こんな堅固な町から見られているのではたまらない」

わずか三か月の間に、都市が出来上がるとともに一万二千人もの住民が隣町から移ってきていたのです。グラナダ側が反乱を続けることは無意味でした。ボアブディルは戦争を終結させる協定の検討に入ったのです。

一四九一年一一月に、グラナダ降伏協定がなされました。降伏条件はゆるいものでした。

グラナダの住民はアフリカに渡るもグラナダに残るも自由

グラナダに残った場合、独特の典礼を含め、イスラムの慣習が保たれる

メスキータ（イスラム寺院）は残し、宗教の自由も保証し、人民はイスラム法で裁かれる

イスラムの王に払っていた以上の税金は取らない

ボアブディルは、アルプハラの土地を統治してよい

武器と要塞はカスティーリャに渡す

一四九二年一月二日、グラナダは降伏しました。

グラナダ陥落

この日、グラナダ王ボアブディルは、アルハンブラ宮殿のコマレスの塔の王座の間（大使の間）で、アルハンブラ宮殿の鍵をカスティーリャの将軍に渡したのです。この将軍というのは、テンディーリャ伯イニィゴ・ロペス・デ・メンドーサで、初代グラナダ市長に任命されています。午後、ボアブディル一行はグラナダの町の門を出てカトリック両王に挨拶をし、ここで人質となっていた息子アフメドを返されます。武器を渡し、家族とともにグラナダ東部の山間の町アルプハラに向かいます。

その後、カトリック両王はグラナダに勝利の入城をし、イスラムの慣習を尊重すること、信仰の自由を保証すること、イスラムの法秩序を残すことを約束しました。

ここに、約二五〇年続いたグラナダ王国は終わりました。最後の王ボアブディルはまだ三三歳でした。

7　その後のこと

ボアブディルの妻モライマは、降伏の翌年、まだグラナダにいる間に死去しました。

二人の息子アフメドとユースフは父ボアブディルと一緒にアフリカに渡りますが、その後のことはわかりません。娘も一人いたようで、ソール・イサベル・デ・グラナダという名前が残っています。修道女になったのでしょう。ボアブディル自身はアフリカの地で、七四歳まで生きています。

ムレイ・ハセンとソラヤの息子たちはどうなったでしょう。

グラナダ降伏後、ソラヤはカスティーリャで今度はキリスト教に改宗し、昔の名前のイサベル・デ・ソリスに戻っています。息子たちも改宗し、イスラムの名前から、それぞれフェルナンド・デ・グラナダ、ファン・デ・グラナダという名前になっています。

イサベル・デ・ソリスはイサベル女王の女官となって宮廷に入りますが、二人の息子たちも一緒にいて、宮廷から付かず離れずで暮らしていたようです。イサベル女王が死去して、フェルナンド王、カルロス一世（神聖ローマ皇帝としてはカール五世）、フェリペ二世とその統治が続くわけですが、常にスペイン王家と付かず離れずの距離に置かれていたようです。

息子たちには当初、聖職禄と領土がたっぷり与えられていました。しかし、その領土はスペイン北部であり、ガリシアとの境界のレオン地方でした。決してグラナダの近くには行かせなかったとされています。兄のフェルナンドは子供を持たないうちに死去しましたが、弟のファンは、カール五世統治時代、ディエゴ・ウルタード・デ・メンドーサの指揮のもと、コムネーロスの乱を鎮めるためにカスティーリャ軍で戦っています。すっかりスペインの人物になっていたのです。

執筆を終えて

この本の「はじめに」では、アルハンブラ宮殿への想いを綴りました。

しかし私には、この本を書かねばならない、もう一つの理由がありました。

数年前、『スペイン　レコンキスタ時代の王たち』（彩流社、二〇一六年）を刊行しています。約八〇〇年に渡るレコンキスタの歴史ですが、スペインの歴史好きの物書きとして、この時代を避けては通れないと思ったからです。

次に、『スペイン中世烈女物語』（彩流社、二〇一九年）を刊行しました。王たちの裏には同じくらいの女性たちも存在しているのだから、彼女たちのことも調べてみようと思ったのです。

その二冊を仕上げると、今度はやはり、グラナダ王国のことも書かないと不完全な歴史になってしまうと強く感じるようになりました。それがこの本の執筆に繋がりました。

ただし、この本は前二作以上に難敵でした。

思い余って第6章、第7章の本文中にも書いてしまいましたが、グラナダ王国最後の五〇年に入っていくと、系図が書けない、王様がはっきりしない、王様がコロコロ代わる、まるで三重苦でした。

多くの文献を調べてひとまず系図を作り、それが色々な事象と一致するか逐一検討し、やっぱり違うなあ、とまた異なる系図を作る、その繰り返しでした。何枚も系図を描きましたが、そうやっていきながら、これしかないとどうにか辿り着いたのが〈大系図〉です。

最初、同じように見えた王様たちも、少しずつ一人一人と親しくなっていきました。

アルハンブラ宮殿も、その建設の時期や、その後の大幅な改修の様子もわかってきました。塔や門なども、当初は皆同じように見えましたが、それぞれ個性がわかってきました。

そして、こうした世界と向かい合い、付き合い続けるのも結構楽しいということがわかりました。疲れ果てましたが、楽しい数年間でもありました。

いろいろ相談にのっていただき、この作品を完成させるのに力をいただいた彩流社の竹内淳夫氏、朴洵利氏、その他関係者の方々に深く感謝いたします。特に系図、地図、王宮図など、綺麗に描いていただくのは大変な作業だったと思います。作業をされた方々にもありがとうございますと言わねばなりません。さらに、いつもの通り、碇順治先生にも感謝をし続けています。

また、私の分不相応に大きな机の上に所狭しと置かれた地図や系図を見て、「今度は何を書いてるの？」などと声掛けをしてくれる家族に、感謝をしています。

そして何より、この作品をお手に取ってお読みくださった皆様に、心より感謝いたします。

参考文献

アウレリオ・シッド・アセド 原作、坂本梢 訳『アルハンブラ散策』日本語版制作スペイン情報誌、Edilux S.L.、二〇〇〇年。

安引宏、佐伯泰英『新アルハンブラ物語』新潮社、一九九一年。

余部福三『アラブとしてのスペイン』第三書館、一九九二年。

黒田祐我『レコンキスタの実像』刀水書房、二〇一六年。

関哲行 他編『《世界歴史大系》スペイン史1　古代〜近世』山川出版社、二〇〇八年。

立石博高 編『スペイン・ポルトガル史』山川出版社、二〇〇〇年。

立石博高 他編『アンダルシアを知るための53章』明石書店、二〇一二年。

谷克二、武田和秀『アルハンブラ宮殿――南スペイン三都物語』日経ＢＰ企画、二〇〇四年。

Ｄ・Ｗ・ローマックス、林邦夫 訳『レコンキスタ――中世スペインの国土回復運動』刀水書房、一九九六年。

西川和子『スペイン――レコンキスタ時代の王たち』彩流社、二〇一六年。

橋本一郎 訳註『ロマンセーロ』大学書林、一九七六年。

フィリップ・コンラ、有田忠郎 訳『レコンキスタの歴史』白水社、二〇〇〇年。

三村具子『ロマンセ――レコンキスタの諸相』彩流社、一九九五年。

ワシントン・アービング、江間章子 訳『アルハンブラ物語』講談社、一九七六年。

大内一、染田秀藤、立石博高『もうひとつのスペイン史』同朋舎出版、一九九四年。

山田信彦『スペイン法の歴史』彩流社、一九九二年。

Ana Campos. *Así era la vida en la Alhambra*. Ediciones Miguel Sánchez, 2016.

Ana Sánchez y Ángel Sánchez. *La Alhambra*. Ediciones Miguel Sánchez, 2014.

Ángel Luis Encinas Moral. *Cronología Histórica de Al-Andalus*. Miraguano Ediciones, 2005.

Carlos Laredo. *España cómo se hizo*. Cy Ediciones, 2019.

Charles River Editors. *La Alhambra y el Alcázar de Sevilla*. Createspace Independent Publishing Platform, 2018.

Escudo de Oro ed.. *La Alhambra y El Generalife*. Editorial Escudo de Oro, S.A., 1999.

Fernando García de Cortázar. *Atlas de Historia de España*. Editorial Planeta, 2012.

Francisco Bueno García. *Los Reyes de la Alhambra*. Ediciones Miguel Sánchez, S.L., 2004.

Francisco Javier Simonet. *Descripción Del Reino De Granada*. Nabu Press, 2011.

Ibn al-jatib. José María Casciaro Ramírez, Emilio Molina López trans.. *Historia de los Reyes de la Alhambra*. Editorial Universidad de Granada, 2010.

Juan José Menezo. *Reinos y Jefes de Estado desde el 712*. Edita Historia Hispana, 1998.

Juan Pablo Wert. *El reino Nazarí de Granada*. Ediciones Akal, 1994.

Magdalena Lasala. *Boabdil.* Ediciones Temas de Hoy, S.A., 2004.
María del Rosario Peludo Gómez, Giacomo Sinatti. *La Reconquista.* Susaeta Ediciones, 2018.
Maribel Fierro. *La España Musulmana.* Susaeta Ediciones, 2010.
Oleg Grabar. *La Alhambra.* Alianza Editorial, 2006.

【著者について】

西川和子（にしかわ かずこ）

スペイン史著述家、早稲田大学理工学部応用化学科卒。

著書に『スペイン宮廷画物語』『スペイン十八世紀への招待』『狂女王フアナ』『スペイン フェリペ二世の生涯』『スペインの貴公子フアンの物語』『オペラ「ドン・カルロ」のスペイン史』『ギター前史　ビウエラ七人衆』『宮廷人ベラスケス物語』『スペインレコンキスタ時代の王たち』『スペイン中世烈女物語』『エル・グレコ祭壇画物語』（上記、いずれも彩流社）『スペイン謎解き散歩』（KADOKAWA）がある。

アルハンブラ宮殿物語《きゅうでんものがたり》——グラナダの奇跡《きせき》と王《おう》たち

2024年2月20日　初版第1刷発行　　定価はカバーに表示してあります

著　者　西川和子

発行者　河野和憲

発行所　株式会社　彩　流　社

〒101-0051　東京都千代田区神田神保町3-10　大行ビル　6階

TEL　03-3234-5931　FAX　03-3234-5932

ウェブサイト　https://www.sairyusha.co.jp

E-mail　sairyusha@sairyusha.co.jp

印刷　モリモト印刷㈱

製本　㈱難波製本

装幀　渡辺将史

乱丁本・落丁本はお取り替えいたします。　ISBN 978-4-7791-2869-1 C0097